AF258606

ABRÉVIATIONS EMPLOYÉES DANS CET OUVRAGE.

C. civ., 130.	SIGNIFIE	Code civil, article 130.
C. proc., 130.		Code de procédure, article 130.
C. com., 130.		Code de commerce, article 130.
C. inst. crim., 130.		Code d'instruction criminelle, article 130.
C. pén., 130.		Code pénal, article 130.
C. forest., 130.		Code forestier, article 130.
L. 21 mars 1815, art. 26.		Loi du 21 mars 1815, article 26.
LL. 21 mars et 20 mai 1815.		Lois des 21 mars et 20 mai 1815.
Déc.		Décret.
Délib. rég.		Délibération de la régie de l'enregistrement.
Arr. Cons.-d'Ét.		Arrêt du Conseil-d'État.
Cass. civ. cas. *ou* rej.		Arrêt de la Cour de cassation, chambre civile qui casse *ou* rejette.
Cass. req.		Arrêt de la Chambre des requêtes de la Cour de cassation.
Cass. crim. cas. *ou* rej.		Arrêt de la Chambre criminelle de la Cour de cassation qui casse *ou* rejette.
Paris, 1re ch., 10 janv. 1834.		Arrêt de la première chambre de la Cour royale de Paris du 10 janvier 1834.

MANUEL

DES

JUSTICES DE PAIX.

MANUEL

DES

JUSTICES DE PAIX.

MANUEL

DES

JUSTICES DE PAIX,

OU

TRAITÉ DES FONCTIONS ET ATTRIBUTIONS DES JUGES DE PAIX, DES GREFFIERS ET HUISSIERS ATTACHÉS A LEUR TRIBUNAL,

Par Levasseur,

Ouvrage auquel on a ajouté 1° un extrait de toutes les lois, ordonnances, circulaires, etc., publiées depuis 1789 jusqu'à ce jour; 2° un recueil de formules ou modèles des actes nécessaires pour mettre ces lois en pratique tant au civil qu'au criminel.

13ᵐᵉ **ÉDITION**, mise en rapport avec la loi du 25 mai 1838, et considérablement augmentée,

Par M. L. GIRAUDEAU, avocat,

Rédacteur en chef du *Répertoire* et des *Annales de la Science des Juges de Paix.*

PARIS,

AU BUREAU DU RÉPERTOIRE ET DES ANNALES DE LA SCIENCE DES JUGES DE PAIX,
Rue d'Hanovre, N° 17.

1838.

MANUEL

DES

ÉCHEVINS DE PAIX,

1836.

AVIS DE L'ÉDITEUR.

Voici un ouvrage qui, médiocre avant de devenir suranné, a eu cependant les honneurs de douze éditions. Puisqu'on s'obstine ainsi à lire les vieux livres, nous allons reproduire une treizième fois le texte de Levasseur; mais nous y avons ajouté tant d'améliorations et d'idées nouvelles que nous avons l'espérance d'en avoir fait un ouvrage véritablement utile.

La seconde édition, notamment, de notre Commentaire de la loi du 25 mai 1838, que nous avons mise à la place du § du Manuel intitulé *Attributions primordiales (ou principales) de la Justice de Paix en matière civile*, présentera un avantage d'autant plus facile à apprécier que le succès a déjà dépassé nos espérances sur cette partie de l'ouvrage (1) et que le prix total, port payé, de notre édition sera moins élevé que celui du plus mince écrit que la nouvelle loi pourra faire naître

(1) La 1ʳᵉ édition du Commentaire de la loi du 25 mai, tirée à un très grand nombre d'exemplaires, a été épuisée en 15 jours.

ou que le *port seul* de la douxième édition donnée par M. Dufoulan, bien qu'elle contienne autant de matière et beaucoup plus de substance que cette dernière.

Ceci demande une explication, et nous allons la donner sans détour. D'autres spéculent en vendant fort cher de gros volumes de papier blanc; nous, nous ferons peut-être aussi une bonne spéculation en donnant à bon marché des pages bien pleines sans cesser d'être très-lisibles, où nous parlerons quelquefois de notre RÉPERTOIRE et de nos ANNALES *de la Science des Juges de paix*, ouvrages plus vastes qu'aucun de ceux qui ont été entrepris sur la spécialité, et qui, ayant gagné, à juste titre, nous le pensons du moins, 1,800 nouveaux souscripteurs depuis l'apparition du projet de loi modificatif de la compétence des juges de paix, sont destinés à se trouver avant peu entre les mains de toutes les personnes attachées aux justices de paix.

MANUEL

DES

JUSTICES DE PAIX.

PREMIÈRE PARTIE.

DES FONCTIONS CIVILES DES OFFICIERS PUBLICS ATTACHÉS A LA JUSTICE DE PAIX.

NOTIONS PRÉLIMINAIRES.

La justice de paix conservée par l'art. 6 de la charte de 1814 ((et par l'art. 52 de la charte de 1830 (1))), se compose du juge de paix, de deux suppléans, d'un greffier, et de un ((ou deux)) huissiers. LL. 29 ventose an 9 et 26 floréal an 10. art. 5.

Le juge de paix est l'officier principal de cette justice, en ce sens qu'il en est le seul magistrat, car les autres officiers qui remplissent les mêmes fonctions que lui ne peuvent opérer que pour le suppléer en cas d'absence ou d'empêchement.

Le juge de paix au moment de son institution était un fonctionnaire public dans l'ordre civil seulement. Depuis, il lui a été conféré différentes attributions dans l'ordre criminel. Ces attributions ont été diminuées par la suite, puis supprimées entièrement ; enfin, le Code d'instruction criminelle lui en a rendu quelques-unes en le rangeant au rang des officiers de police judiciaire ((et en le constituant juge de toutes les infractions que la loi punit d'un emprisonnement qui n'excède pas cinq jours et d'une amende qui ne s'élève pas au dessus de 15 fr. —Art. 137.))

Le juge de paix doit-il être considéré comme juge ordinaire ou comme juge extraordinaire ? Le juge ordinaire est celui institué par le législateur, pour décider en général de toutes les contestations ; le juge extraordinaire est celui auquel telle matière est spécialement attribuée ; cette matière n'appartient pas au juge ordinaire, elle est retranchée de ses attributions géné-

rales ; mais aussi tout ce qui n'est pas spécialement attribué à un autre reste dans sa compétence.

Dans l'état actuel la distribution de la justice civile et celle de la justice criminelle sont attribuées à des tribunaux différens. Dans l'une et l'autre partie il y a des juges ordinaires et des juges extraordinaires.

Dans les matières civiles la justice de paix est un tribunal extraordinaire. Le tribunal civil est la juridiction ordinaire de 1re instance. Il connaît d'après l'art. 4 du tit. 4 de la loi du 24 août 1790 « de toutes les affaires personnelles, réelles et mixtes, en toutes matières, excepté seulement celles attribuées aux juges de paix. »

Dans les matières criminelles, le tribunal de police est juridiction extraordinaire. « Il connaît seulement du délit dont la peine n'excède ni 15 fr. d'amende ni 5 jours d'emprisonnement ». — Art. 137.

Ainsi sous tous les points de vue, le juge de paix exerce toujours une juridiction extraordinaire, puisque, soit en matière civile, soit en matière criminelle, il est juge d'attribution.

La 1re partie du présent manuel se divise naturellement en deux titres. Dans le premier il sera traité des fonctions civiles, et dans le second, des fonctions criminelles des officiers attachés à la justice de paix.

((La deuxième partie se compose de l'extrait par ordre chronologique des lois, ordonnances, instructions ministérielles, etc., publiées depuis 1789 jusqu'à ce jour, et d'un recueil de formules des actes nécessaires pour mettre les lois à exécution.))

---

(1) Tous les mots qui seront ajoutés par nous seront placés comme ceux-ci entre deux parenthèses (( )).

TITRE 1ᵉʳ.

DES FONCTIONS CIVILES DES OFFICIERS ATTACHÉS AUX JUSTICES DE PAIX.

CHAPITRE PREMIER. — DE L'INSTITUTION DES JUSTICES DE PAIX.

Le juge de paix est un magistrat établi spécialement pour maintenir la paix parmi les citoyens, soit en décidant sommairement les contestations, soit en essayant de concilier les parties qui sont sur le point de comparaître devant les tribunaux civils, soit en les invitant, en cas de non-conciliation, à se faire juger par des arbitres. Constitution du 22 frimaire an 8. — Art. 60.

Ainsi la justice de paix se divise en justice de paix proprement dite ou tribunal de paix, et en bureau de conciliation.

Le juge de paix remplissait originairement ces deux fonctions assisté de deux assesseurs; maintenant il les remplit seul. L. 29 ventose an 9. — Art. 2.

Il a en outre des fonctions particulières distinctes du contentieux et de la conciliation.

Il n'y a pas de ministère public près de la justice de paix. Il y a , près le tribunal de simple police dont il sera question dans le titre second, un officier chargé de remplir les fonctions du ministère public.

Trois chapitres particuliers ((après celui qui va suivre)) traiteront, 1° de la juridiction contentieuse du juge de paix; 2° du bureau de conciliation; 3° des autres fonctions du juge de paix.

CHAPITRE II.—DE LA NOMINATION DE CHACUN DES OFFICIERS ATTACHÉS A LA JUSTICE DE PAIX ET DE QUELQUES AUTRES OBJETS QUI LES CONCERNENT.

Il sera traité , dans autant de sections , de leur nomination , de l'exercice de leurs fonctions, de leur traitement, enfin des incompatibilités de leurs fonctions avec d'autres fonctions publiques.

SECTION Iʳᵉ. — *De la nomination des juges de paix, de leurs suppléans, et des greffiers et huissiers attachés à la justice de paix.*

((Ce qui va suivre n'est bon à connaître que comme notions historiques.)) Chaque ressort de justice de paix a une assemblée de canton. *Sénat.-cons., org.* 16 *thermid. an* 10, *art.* 1ᵉʳ.

L'assemblée de canton désigne deux citoyens sur lesquels le premier consul choisit le juge de paix du canton. *Ibid.,* art. 8.

Le citoyen nommé doit prêter serment à l'audience publique du tribunal civil de l'arrondissement communal. L. 29 vent. an 9, art. 8.

Ce serment prêté, il est installé par le sous-préfet. *Ibid.*

Et à l'instant il entre en fonctions.

Avant l'installation, le sous-préfet lui fait prêter le serment de fidélité au roi et d'obéissance à la charte constitutionnelle et aux lois de l'état. L. 21 nivose an 8.

Il est du tout dressé procès-verbal qui reste au greffe de la justice de paix.

Les deux suppléans du juge de paix sont nommés de la même manière que lui.

Les suppléans ne peuvent se dispenser, avant de commencer l'exercice de leurs fonctions, de faire la déclaration de fidélité et d'obéissance à laquelle la loi du 21 nivose an 8 assujétit nommément tous les fonctionnaires publics de l'ordre judiciaire.

Le vœu de la loi paraît être que les suppléans, à l'instar du juge de paix, prètent serment devant le tribunal civil et se fassent installer par le sous-préfet. Il est à propos qu'ils s'y conforment.

((Aujourd'hui, l'art. 60 de la charte de 1814, et l'art. 67 de celle de 1830, s'étant bornés à dire que « la justice de paix est conservée et que les juges de paix sont nommés par le roi » on pourrait croire que le sénatus-consulte de l'an 10 est encore en vigueur ; il n'en est rien, cependant, et les juges de paix sont ordinairement choisis comme les autres juges sur une liste de trois candidats transmise au ministre de la justice par le procureur-général, d'après les présentations faites par le président et le procureur du roi près le tribunal dans l'arrondissement duquel se trouvent les siéges qu'il faut remplir.

Tout membre de justice de paix, doit avant d'entrer en fonctions, et sous peine de nullité de tous ses actes et jugemens, prêter, au tribunal civil de l'arrondissement, serment de *fidélité au roi des Français,* d'obéissance à la charte constitutionnelle et aux lois du royaume. Décr. 24 messidor an 12, art. 2 ; L. 31 août 1830, art. 1ᵉʳ.

Le greffier du tribunal civil tient un registre dans lequel sont inscrites les ordonnances de nomination, et où il est fait mention de la prestation de serment. Un extrait de ce registre est délivré au juge nouvellement institué sur sa réquisition, et cet extrait lui tient lieu de provision.

Les juges de paix et leurs suppléans sont installés par la lecture que le greffier donne à l'audience de l'extrait dont nous venons de parler, constatant la prestation de serment. Carré, *Lois de la compétence,* art. 32 et 33.))

Comme la loi n'impose pas aux suppléans l'obligation précise de prêter serment, on ne croyait pas ((en 1808, époque de la mort de Levasseur)) pouvoir arguer de nullité les actes qu'ils auraient faits sans avoir rempli cette formalité. ((Mais un arrêt de la cour de cassation du 12 juin 1809 a décidé, ainsi que nous l'avons d'ailleurs énoncé ci-dessus, que les suppléans des juges de paix ne peuvent, à peine de nullité, faire aucun acte d'autorité publique, s'ils n'ont, au préalable, prêté le serment de fidélité ordonné par la loi.

A l'égard des suppléans, il a encore été décidé par la Cour de cassation, 1° que les actes faits par eux, bien qu'ils n'indiquent pas la cause légale de l'empêchement ne sont pas nuls, pour présomption légale de remplacement sans nécessité, la présomption étant au contraire pour l'empêchement. Arrêt du 6 août 1819.

2° Que, bien qu'il existe une cause d'empêchement légal, la citation doit toujours être donnée devant le juge de paix et non devant le suppléant, *de plano*, sauf au juge de paix à se faire remplacer. *Même arrêt.*

3° Que le juge de paix délégué par un tribunal ou une cour royale ne peut déléguer lui-même son suppléant. Arrêt du 17 mars 1819.

4° Que l'affirmation des procès-verbaux des gardes-champêtres et forestiers, peut être reçue par les suppléans dans la commune de la résidence du juge de paix, bien que l'art. 11 de la loi du 18 flor. an 10, ne les indique nommément pour recevoir cette affirmation que pour les délits commis dans les autres communes du canton où ils résident. Arrêt du 25 octobre 1824.

5° Qu'un suppléant, après avoir rendu un jugement préparatoire ordonnant, par exemple, son transport sur les lieux contentieux, avait consommé son ministère, et que le juge de paix pouvait, sans irrégularité, prendre la suite de l'affaire et rendre le jugement définitif. Arr. du 19 novembre 1818.))

Lorsque la place du juge de paix vient à vaquer, par mort, démission ou autrement, avant l'expiration du temps de son exercice, comment sera-t-il pourvu à son remplacement? — Il faut distinguer si le temps qui reste à s'écouler de son exercice est au dessus ou au dessous d'une année. — Au premier cas, le premier suppléant exerce de droit ses fonctions pendant le temps qui reste à courir jusqu'à la prochaine assemblée (Loi du 28 floréal an 10; art. 1er) ; et il est remplacé en cas d'empêchement par le second suppléant devenu premier.—Au second cas, il doit être procédé à une nouvelle nomination de juge de paix pour le second terme qui reste à expirer. Cette nouvelle nomination se fait comme la première. Les citoyens du canton y procèdent selon les formes établies. Loi du 28 floréal an 10, article 44.

En conséquence, suivant le sénatus-consulte organique de la constitution rendu quelques mois après, le 16 therm. an 10, art. 8, l'assemblée désigne deux sujets, parmi lesquels le roi choisit. — Comment sera-t-il pourvu au remplacement du suppléant en cas de vacance, soit par sa promotion de droit à la place de juge de paix, ainsi qu'il vient d'être expliqué, soit de toute autre manière ?

La loi du 28 floréal an 10, distinguait si le procès-verbal de la première élection, faisant mention du citoyen qui avait le plus de voix après les deux suppléans élus, énonçait que le nombre de voix par lui obtenu s'élevait à vingt au moins, ou si le nombre était moindre ; dans le premier cas, elle voulait que le citoyen qui avait cet avantage, fût proclamé suppléant par le sous-préfet de l'arrondissement. Au second, elle déférait à la majorité la nomination du suppléant, qui exercerait jusqu'aux prochaines élections.—Mais le sénatus-consulte organique de la constitution du 16 thermidor an 10, ayant réglé que l'assemblée de canton présenterait deux sujets au roi pour chaque place vacante de suppléant de juge de paix, le remplacement de droit, pour le citoyen qui avait le plus de voix après celui à remplacer, souffre difficulté parce qu'il n'y aurait plus la désignation du roi sur ces deux sujets présentés : il y a donc lieu, depuis ce sénatus-consulte, de laisser au roi, dans les deux cas que distinguent la loi du 28 floréal, la pleine nomination du suppléant.

((Ce qui précède, ainsi que nous l'avons déjà dit, bon à conserver, comme souvenir historique, ne peut plus être appliqué aujourd'hui. Lorsqu'une place de juge de paix vient à vaquer, le siége est alors occupé par le premier suppléant, jusqu'à la nomination du nouveau juge titulaire.))

Dans l'origine, la loi du 24 août 1790, laissait au juge de paix la faculté d'avoir un greffier, ou de s'en passer s'il voulait rédiger lui-même les actes de sa compétence. Mais on a bientôt senti la nécessité d'avoir un fonctionnaire chargé de rédiger, sous l'inspection des juges de paix, les différens actes, et de conserver provisoirement les minutes, jusqu'à ce qu'elles fussent placées à demeure dans un dépôt public. Aussi la loi des 6-27 mars 1791 a-t-elle statué qu'il y aurait un greffier attaché à chaque justice de paix : l'art. 4 astreint le juge de paix à en nommer un.

En effet, dans tous les actes judiciaires, la fonction de greffier est nécessaire. C'est un témoin que la loi donne au juge de tous ses actes. C'est pour cela que la loi défend au juge en fonctions, de rien écrire lui-même, et l'astreint à faire écrire par son greffier, à peine de nullité.

((La loi du 28 avril 1816, pour indemniser les greffiers du supplément de cautionnement qu'elle leur imposait, les a autorisés à présenter à l'agrément du roi des successeurs, pourvu qu'ils réunissent les qualités voulues. Cette disposition interprêtée par la jurisprudence qui s'est établie depuis lors, a véritablement établi la vénalité des charges de greffiers. V° ce que nous avons dit à cet égard dans notre *Traité manuel des fonctions des greffiers de paix,* de la page 48 à la page 73.))

Originairement c'étaient les juges de paix qui nommaient leurs greffiers. Depuis la loi du 27 ventose an 8 il s'était élevé des doutes sur la question de savoir s'ils conserveraient toujours cette faculté. Il ne peut plus y en avoir, la loi du 28 floréal an 10 veut que tous les greffiers des juges de paix soient nommés par le chef du gouvernement.

Le juge de paix peut-il avoir pour greffier un de ses parens dans les degrés ordinairement prohibés ?—On dira pour la négative : l'art. 4 de la loi des 6-27 mars enjoint au juge de paix « de nommer un greffier, lequel ne pourra être son parent jusqu'au troisième degré, » l'art. 1er de la loi du 27 germinal an 7, porte que nul ne peut être élu greffier ou commis-greffier assermenté d'un tribunal auquel la loi attribue la nomination du premier de ces fonctionnaires s'il est parent ou allié jusqu'au troisième degré, de l'un des juges... Ces deux lois avaient pour but d'empêcher que les juges ne pussent avoir pour greffiers des gens qui, à cause de la proximité de parenté, seraient trop à leur discrétion, et de la facilité desquels ils pourraient abuser au préjudice des parties. Que le greffier soit nommé par les juges eux-mêmes, ou par une autorité étrangère au tribunal, la proximité de parenté entr'eux a le même inconvénient; le motif d'exclusion subsiste; point de loi qui révoque cette exclusion. Elle continue donc d'avoir lieu. Si donc par événement, le roi nomme pour greffier un parent au troisième degré du juge de paix, on peut lui faire des re-présentations à l'effet de faire révoquer la nomination.

On dira pour *l'affirmative* : Le principal motif de la loi a été l'influence résultant de la nomination que le juge fait de son greffier; la loi a redouté cette influence, non seulement de la part du juge de paix, qui nomme seul, mais de la part du juge du tribunal qui ne fait que concourir, même de la part de celui qui après avoir sollicité ses confrères, s'abstient de voter (27 germinal an 7 art. 1). La nomination ayant été transportée à une autorité étrangère au tribunal (au chef du gouvernement) le mo-tif des lois citées ne subsiste plus, et les deux parens peuvent simultanément exercer leurs fonctions. C'est par cette raison de défaut de concours à la nomination que la loi opposée, du 27 germinal an 7, décide, même art. 1er, que si un parent ou allié du greffier ou commis-greffier vient à être nommé juge, ils peuvent simultanément exercer leurs fonctions respec-tives.

De ces deux opinions je préfère la première. Il est de principe que l'officier qui fait un acte ne peut prendre pour témoin un de ses parens dans les degrés prohibés. Cette règle a lieu à l'égard des notaires, à plus forte raison doit-elle être suivie pour les juges. Si, dans les tribu-naux composés de plusieurs juges, le greffier peut-être parent de l'un d'eux, c'est que le nom-bre des magistrats détruit l'influence de la pa-renté; mais le juge de paix étant seul, la règle ne peut pas fléchir. ((*Sic*, loi 20 avril 1810, art. 63)).

((Les greffiers de justice de paix peuvent-ils avoir des commis-greffiers ? Nous avons résolu cette question pour l'affirmative dans notre *Traité des fonctions de greffiers*, où nous

avons aussi examiné les conditions d'admissi-bilité de ces employés, et où sont d'ailleurs trai-tées à fond toutes les difficultés relatives aux actes qu'ils peuvent faire.))

Il n'y a point d'huissiers en titre auprès de la justice de paix; chaque juge de paix commet pour être attaché particulièrement à son tribu-nal un ou deux. (L. 28 floréal an 10, art. 5.) des huissiers déjà reçus par la Cour ou tribu-naux de 1re instance, pourvu qu'il réside dans le ressort de sa justice. (Loi, 28 floréal an 10, art. 6.)

Si cependant il n'y a point d'huissier rési-dant dans le canton, le juge de paix peut nom-mer tous autres citoyens (*ibid.*). Mais ils ne peuvent entrer en exercice qu'après que le tri-bunal de première instance, s'étant fait rendre compte de leurs mœurs et de leur capacité, aura confirmé leur nomination.

((Le décret du 14 juin 1813, réglementaire de la profession d'huissier, est venu changer ce dernier point de la législation antérieure. Il porte, art. 18, « que si des circonstances de localité ne permettent point l'établissement d'un huissier ordinaire au chef-lieu de canton, le tribunal le fixera dans l'une des communes les plus rapprochées du chef-lieu. »))

Les juges de paix peuvent révoquer leurs huissiers et les remplacer par d'autres , sans qu'aucune loi les oblige à rendre compte de leurs motifs. *Circ. min.*, 14 prair. an 5.

Pour pouvoir être nommé aux différentes places de la justice de paix il y a diverses con-ditions exigées par la loi , et dont plusieurs sont communes à tous les fonctionnaires publics , ainsi qu'il suit :

Premièrement , être citoyen : on ne peut nommer celui qui ne jouit pas du droit de cité (L. du 19 octobre 1792 , art. 6.) ; — soit , 1° parce qu'il n'a jamais été citoyen français (V. les art. 2 et 3 de l'acte constitutionnel des 22 frim. an 8);—soit , 2° parce qu'il a perdu cette qualité (V. *ibid.*, art. 4);— soit , 3° parce que l'exercice de ses droits se trouve suspendu (*ibid.* art 5); *secondement*, il faut n'être pas en état de domesticité ou de mendicité (*ibid.*); *troisième-ment*, être âgé de 30 ans accomplis (27 vent. an 8, art. 4). — En vain dirait-on que ces deux conditions, n'étant pas exigées par la loi du 22 floréal an 10, relatives aux justices de paix, ne sont plus nécessaires. Cette loi ne déroge pas aux lois précédentes sur les conditions d'éligi-bilité : L'article final, au contraire, contient les dispositions expresses que les lois relatives à l'or-ganisation des justices de paix continueront d'ê-tre exécutées.—On opposerait aussi vainement que le sénatus-consulte organique du 16 ther-midor an 10 n'exige pas les conditions ci-des-sus détaillées. Ce sénatus-consulte n'a pas eu pour but d'établir les conditions d'éligibilité, qui sont un objet purement réglementaire ; il a seulement voulu assurer au chef du gouverne-ment la nomination des juges de paix à dé-signer entre les deux sujets qui lui seront pré-sentés par les assemblées de canton. — La loi du 19 octobre 1792, art. 6, veut que le promu à la place de juge de paix soit résidant depuis un an dans l'étendue de la justice ; mais cette condition n'est plus nécessaire. Elle est implicitement révoquée par l'article de la loi du 28 floréal an 10 qui prévoit le cas où le juge de paix ne résidera pas dans le canton au moment de sa nomination. — Si par événement, le roi nomme un greffier, ou un juge de paix qui n'ait pas les qualités requises, c'est à sa majesté seule qu'il faut s'adresser pour la supplier de révoquer sa nomination. Les conditions qui viennent d'être détaillées suffisent. — Il n'est pas nécessaire d'être inscrit sur la liste communale de l'arrondissement. « L'inscription sur une liste d'éligibles n'est nécessaire (acte constitutionnel du 22 frimaire an 8, art. 14), qu'à l'égard de celles des fonctions publiques pour lesquelles cette condition est expressément exigée par la constitution ou par la loi ; pareille condition n'est pas exigée pour les fonctionnaires attachés à la justice de paix, ni par la constitution (art. 60 et autres), ni par aucune loi subséquente. — Les fonctions du ministère public ne sont pas remplies par un fonctionnaire spécial ; mais elles sont exercées par les commissaires de police et les adjoints du maire, ainsi qu'il sera expliqué en la deuxième partie :

Section II. — *De l'exercice et de la durée des fonctions publiques attachées à la justice de paix.*

Le juge de paix est magistrat, il est juge ; il remplit seul les fonctions, soit judiciaires, soit de conciliation et autres qui sont attribuées aux justices de paix par les lois (L. 29 ventose an 9, art. 2). — En cas de maladie, absence ou autre empêchement, il est remplacé par un suppléant (*ibid.* art. 3), — et si les deux suppléans sont empêchés ainsi que lui, par récusation ou autre cause, le tribunal d'arrondissement, averti, renverra les parties devant le juge de paix le plus voisin (Loi du 16 vent. an 12). — Le greffier rédige, sous l'inspection du juge, les différens actes. Il en délivre les expéditions nécessaires. Il en conserve provisoirement les minutes. — L'huissier attaché au tribunal fait le service d'huissier-audiencier. — Le juge de paix doit être assidu à l'exercice de ses fonctions. Il doit de même se pénétrer de l'importance de la magistrature dont il est revêtu. C'est une des plus salutaires qui existent. — Le juge de paix est un père que la loi indique à tous les habitans du canton. Elle le charge de prévenir leurs contestations, d'arranger leurs différends. Il doit toujours être prêt à les entendre. Son cabinet doit leur être ouvert à tout instant. C'est pour cela que la loi l'oblige à résider dans le canton (art. 8 de la loi du 28 floréal an 10). — En cas de non résidence, ou d'absence longue, on peut lui appliquer l'art. 13 de la loi des 29 mars et 12 septembre 1791, qui répute démissionnaires et ordonne le remplacement des fonctionnaires publics qui ne résident pas dans le chef-lieu de

leurs fonctions. — La loi du 28 floréal an 10 pourvoit, en ce cas, au remplacement du juge de paix de la manière suivante : — Tout juge de paix qui, après sa nomination, ne réside pas dans le canton, doit être averti par le procureur du roi près le tribunal de première instance, d'y fixer son domicile dans le mois de l'avertissement (art. 8). Passé ce délai, le procureur du roi dénonce la non-résidence au sous-préfet. (*Ibid.*) A la diligence de ce dernier, il est pourvu, conformément à l'article 1er, au remplacement du juge de paix comme démissionnaire. ((Ce n'est pas la loi de l'an 10 qui est applicable aux cas qui précèdent ; c'est l'article 58 de celle du 20 avril 1810 sur l'organisation judiciaire, ainsi conçu : « Les juges qui s'absenteront sans un congé délivré suivant les règles prescrites par la loi ou les réglemens, seront privés de leur traitement pendant le temps de leur absence ; si elle dure plus de six mois, ils pourront être considérés comme démissionnaires, et remplacés. Ils pourront même, après un mois d'absence, être requis par le procureur-général de se rendre à leur poste, et faute par eux d'y revenir dans le mois, il en sera fait rapport au ministre, qui pourra proposer au souverain de les remplacer comme démissionnaires. » ((— L'absence du canton est réputée cessation de résidence ; mais on ne peut considérer comme cessation de résidence l'absence autorisée. (*Ibid.* art. 9). — Lorsqu'un juge de paix veut s'absenter de son canton, il doit se munir d'une autorisation du procureur du roi, près le tribunal civil de son arrondissement. (*Ibid.*) — Lorsqu'il a besoin de s'absenter plus d'un mois, il doit s'adresser au ministre de la justice pour en obtenir un congé. (*Ibid.*) — Dans les deux cas, il doit joindre à sa demande un certificat du premier suppléant, et à son défaut du second, constatant que le public n'en souffrira point. (*Ibid.*) — Les autres officiers de la justice de paix sont pareillement assujettis à la résidence dans l'étendue de la juridiction. Comment, en effet, pourraient-ils vaquer à leurs fonctions s'ils résidaient dans un autre canton ? — Les suppléans sont astreints, pour la résidence, aux mêmes règles que les juges de paix. L'art. 8 de la loi du 28 floréal an 10, ci-dessus cité, pour ces derniers, leur est commun. — La nature des fonctions du greffier l'oblige aussi à résider dans le canton. Il doit être à la proximité du juge de paix, pour recevoir ses ordres, et l'accompagner dans la plupart de ses opérations. Aussi, les art. 5, 6 et 7 de la loi du 28 floréal an 10 veulent-ils que les juges de paix n'aient pour greffiers que des personnes résidant dans le canton. — Le juge de paix n'est pas obligé de résider dans la commune du chef-lieu ; il suffit qu'il réside dans le canton. — Le juge de paix doit indiquer au moins deux audiences par semaines. (C. proc. civ., art. 8.) — Outre ces audiences, il peut en donner d'extraordinaires, à tels jours et heures que bon lui semble : « Il peut juger tous les jours, même ceux de dimanche et fête, le matin et l'après-midi (*Ibid.*). » Il peut donner audience chez lui en tenant les portes ouvertes (*ibid.*), pour qu'il y ait publicité. Peut-il tenir chez lui les audiences ordinaires ? — La loi du : 9 ventose an 9 l'obligeant, art. 9, à donner ses audiences au chef-lieu du canton, il ne pouvait juger ailleurs, que dans des cas particuliers. L'article cité du Code de procédure civile, lui accorde, d'une manière générale et sans restriction, la faculté de donner audience chez lui ; et par suite, celle de donner audience hors de la commune du chef-lieu, lorsque par événement il n'y demeure pas. ((*Contrà*, lettre de M. le garde-des-sceaux, du 23 avril 1832.)) Un arrêté du 4 nivose an 5 établit un mode de correspondance entre les ministres et les juges de paix, et autres autorités constituées résidant dans les lieux qui ne sont pas servis directement par la poste. ((L'ordonnance du roi du 17 août 1817. renouvelée par une seconde ordonnance du 14 décembre 1825, concernant les franchises et contre-seings, prend des mesures pour ne pas laisser à la charge des juges de paix le port des lettres qu'ils reçoivent concernant le service public. On voit par l'état annexé à cette ordonnance que le gouvernement a étendu sa sollicitude jusqu'aux officiers qui exercent les fonctions du ministère public près le tribunal de police municipale.— ((Le juge de paix est du nombre des fonctionnaires publics auxquels le Bulletin des lois doit être envoyé. (L. du 12 vend. an 4, art. 4).—La justice de paix doit recevoir de trois mois en trois mois, comme les autres tribunaux, dans la personne de son greffier (*ib.* art. 6.) un cahier des lois rendues pendant le dernier trimestre, ainsi qu'un exemplaire de chacun des recueils de lois, par ordre de matière, quand il est formé. Ces cahiers et recueils, destinés pour le service de la justice de paix, passent de greffier en greffier et restent au greffe à perpétuelle demeure (*ibid.*), sans être envoyés au dépôt des minutes établi par la loi du 5 frimaire an 4, dont il sera parlé ci-après. — Les officiers de la justice de paix sont tenus, avant d'entrer en fonctions, de faire la déclaration de fidélité au roi et obéissance à la charte constitutionnelle et aux lois de l'état, en exécution de la loi du 21 nivose an 8, de l'ordonnance du 3 mars 1815 et de la loi du 31 août 1830. ((*V.* ce qui a été dit ci-dessus p. 2 à l'égard du juge de paix et de ses suppléans.)) Le greffier fait sa déclaration devant le juge de paix, ainsi qu'il avait été réglé dans l'origine pour le serment. (Loi du 16-24 oct. 1790, t. 5, art. 5.)—L'huissier de la justice de paix n'est pas dans le cas de faire cette déclaration avant de pouvoir entrer en exercice pour la justice de paix, car étant choisi parmi les huissiers attachés aux autres tribunaux, il l'a précédemment faite. Mais, lorsqu'à défaut d'huissiers résidant dans le canton, le juge de paix se trouve dans le cas de nommer un autre citoyen du canton, ainsi qu'il y est autorisé par l'art. 7 de la loi du 28 floréal an 10, le citoyen nommé par le juge de paix, et approuvé par le tribunal civil d'arrondisse-

ment, ne peut se dispenser, avant d'entrer en fonctions, de promettre fidélité au roi, obéissance à la charte. Les juges de paix et leurs suppléans sont nommés pour dix ans (*Sénat. organ.* du 16 thermidor an 10, article 3), le greffier n'est pas institué (28 floréal an 10, article 3) pour un temps déterminé. Nommé par le roi, il n'exerce ses fonctions que pendant le temps qu'il plaît à sa majesté. Il est révocable à sa volonté. — La loi du 8 pluviose an 9 a ordonné la réduction du nombre des justices de paix, d'après les bases qui y sont posées. D'après ces bases, aussi, ont été rendus successivement différens arrêtés qui fixent, dans chaque département, le nombre des justices de paix, leurs chef-lieux et les communes de leurs arrondissemens.

SECTION III. *Du traitement des juges de paix et de leurs greffiers et huissiers, et des droits qui leur sont attribués sur différens actes de leur compétence.*

Le juge de paix a un traitement fixe plus ou moins considérable, suivant que l'importance du canton donne lieu de présumer que ses dépenses sont plus fortes et ses occupations plus multipliées. Ce traitement est réglé par la loi du 8 ventose an 7, ainsi qu'il suit :

Pour Paris. . . . . 2,400 fr.
Dans les communes où la population excède 100,000 ames. . . . 1,600
Dans celles de 50,000 et au-dessus jusqu'à 100,000. 1,200
Dans celles de 30,000 et au dessus jusqu'à 50,000. 1,000
Dans les communes au dessous de 30,000. 800

Outre le traitement fixe, il y a des rétributions casuelles pour les scellés et pour les avis de parens. La rétribution est fixée pour l'apposition des scellés à 2 fr. pour une vacation de trois heures, et 1 fr. pour toutes les vacations suivantes ; de manière qu'une vacation de scellés ne coûte pas plus de 3 fr. (Loi des 6-27 mars 1791, art. 8) ((Aujourd'hui c'est le liv. 1er du décret du 16 février 1807 qui fixe les émolumens de tous les actes relatifs aux justices de paix.)) Il en est de même de celles employées aux avis des parens (*ibid.*). Les droits sont de moitié en sus dans les villes au dessus de 25,000 ames (*ibid.*). Ils sont du double à Paris (*ibid.*).

Suivant cette loi, la rétribution pour la levée des scellés était fixée comme celle de l'apposition à deux séances au plus. Cette disposition n'aurait pas dû être adoptée, parce que l'opération de la levée des scellés est naturellement aussi longue que l'inventaire des effets mis sous les scellés, et qui doivent être décrits à l'intant de la levée. De ce précepte, qui n'avait point été assez réfléchi, il résultait un abus très dangereux : lorsque l'inventaire devait durer plusieurs jours, le juge de paix, qui ne devait exiger plus de deux vacations, reconnaissait les scellés, les levait en entier, et se retirait, laissant opérer le notaire seul. Ainsi, de ce moment jusqu'à la fin de l'inventaire de plusieurs jours, quelquefois de plusieurs semaines, il n'existait plus sur les effets et titres à inventorier de scellés qui empêchassent le détournement, au moyen de quoi ils devenaient à peu près inutiles. Le Code de procédure a corrigé cet inconvénient : « Les scellés sont levés successivement, et au fur et à mesure de la confection de l'inventaire; ils sont réapposés à la fin de chaque vacation (art. 937). » Par suite de cette disposition, le juge de paix se trouve autorisé à exiger la rétribution d'un aussi grand nombre de vacations que celles employées à la confection de l'inventaire; mais tous les intérêts sont en sûreté. — Les suppléans n'ont pas de traitement; leurs fonctions ne sont que passagères. Lorsque le suppléant remplace le juge de paix pour des commissions et actes auxquels des vacations sont attribuées, ces vacations lui appartiennent. Telle était la disposition de la loi du 6-27 mars 1791, art. 14, par rapport aux assesseurs; c le s'applique naturellement aux suppléans. Il est juste que celui qui remplit la fonction jouisse de la rétribution qui y est attachée. — La même loi voulait (*ibid.*) que, dans le cas auquel le juge de paix serait plus de huit jours consécutifs sans remplir ses fonctions, il fût tenu de remettre à l'assesseur qui l'avait remplacé une part proportionnelle de son traitement fixe. Maintenant le juge de paix qui s'absente, et le suppléant qui le remplace momentanément traitent ensemble de gré à gré. — On a vu au paragraphe précédent que le juge de paix ne peut s'absenter sans congé, et que, pour l'obtenir, il doit représenter un certificat du premier suppléant, et à son défaut, du second, constatant que le public n'en souffrira pas. Le suppléant ne donne son certificat qu'après l'arrangement fait entre eux.

Les greffiers ont un traitement fixe; il est (L. du 21 prairial an 7, art. 1er) du tiers de celui réglé par la loi du 28 ventose précédent, dont les dispositions viennent d'être rapportées pour les juges auprès desquels ils sont établis. Indépendamment du traitement, ils ont un casuel. Il leur appartient, pour l'expédition des jugemens de la justice de paix, une rétribution dont il sera question en parlant des dépens. — Les expéditions des jugemens en matière civile, et des procès-verbaux des bureaux de paix, leur sont payées à 4 décimes le rôle contenant 20 lignes à la page, et 8 à 10 syllabes à la ligne, l'une portant l'autre (L. du 21 prairial an 7, art. 5). — Ils doivent mettre leur reçu au bas des expéditions (*ibid.*, art. 4). — Ils ne peuvent percevoir (*ibid.*) autres et plus forts droits que ceux qui leur sont attribuées par les lois, à peine de destitution et de restitution envers les parties, sauf en cas de fraude ou de malversation évidente, à être poursuivis devant les tribunaux. ((V. l'ordonnance du 17 juillet 1825.)) — Dans toutes les opérations, pour lesquelles il est attribué une rétribution au juge de paix, le greffier qui l'assiste a les deux tiers de la somme qui lui est attribuée. (Loi du 6-27 mars 1791, art. 8.) Cette rétribution n'empêche point qu'il ne perçoive en outre les droits d'expédition du greffier (*ibid.*). Lorsqu'ils ne sont pas fixés par la loi, il est naturel de lui adjuger comme au cas du numéro précédent 4 décimes du rôle. L'huissier n'a pas de traitement pour le service qu'il fait auprès de la justice de paix; mais il est payé par les parties de tous les actes qu'il fait à leur requête. Il sera parlé de ses droits en traitant des dépens. — Il ne peut instrumenter pour les matières relatives à la justice de paix que dans le ressort de sa justice (L. du 19 vend. an 4, art. 27); mais il y instrumente pour le contentieux et le bureau de conciliation, à l'exclusion des autres huissiers ((ceci a été modifié par l'art. 16 de la loi du 26 mai 1838, v° ci-ap. p. 56)). Il a été maintenu dans cette compétence exclusive par l'arrêté du conseil des Cinq-Cents du 18 pluviose an 5, qui passe à l'ordre du jour sur la pétition de plusieurs huissiers qui demandaient le rapport de l'art. 27 qui vient d'être cité. Il y est encore maintenu par le Code de procédure civile.—En cas de contravention au même art. 27, l'huissier contrevenant est condamné par le juge de paix des villes à une amende de 6 fr. (Loi du 6-27 mars 1791, art. 13), dont la moitié applicable à son huissiers; l'autre moitié à verser dans la caisse du receveur des amendes. Cette disposition n'a été décrétée qu'en faveur des juges de paix des villes, parce que les juges de paix des campagnes ne pouvaient pas alors commettre d'huissiers pour leurs justices. Maintenant qu'il y a des huissiers près les juges de paix des campagnes, il paraît naturel d'élever en leur faveur la disposition ci-dessus, et il ne peut plus y avoir de doute, d'après les dispositions du Code de procédure civile, comme nous le verrons ci-après. ((Il n'y a plus de doute, au contraire, sur l'abrogation de cette disposition par le décret du 14 juin 1813.))

Une question plus importante est celle de savoir si les notifications faites en contravention aux mêmes articles, par un huissier autre que celui attaché à la justice de paix sont nulles. — L'article 13 de la loi du 6-27 mars 1791, relative aux huissiers des juges de paix des villes : « Les citations et jugemens des juges de paix seront signifiés par eux, et non par d'autres huissiers, à peine d'amende de 6 livres...» Cette loi, n'envisageant que l'intérêt pécuniaire de l'huissier, s'était contentée, dans la phrase qui contenait la prohibition, d'une amende contre le contrevenant, sans parler de la nullité de l'acte; et par cette raison on ne pouvait la prononcer. — Il n'en est pas de même de la loi du 19 vendémiaire an 4, faite pour régler des objets majeurs d'ordre public, entre autres pour régler l'organisation judiciaire, dont fait partie le pouvoir accordé aux huissiers d'exploiter dans tel arrondissement, dans les matières qui appartiennent à tel tribunal. L'exploit fait en contravention à ces dispositions, est nul, comme fait par un officier sans pouvoir et sans qualité. La nullité de pareil exploit est d'ailleurs préjugée par l'art. 16 du Code de procédure civile, dont il sera question ci-après en parlant de l'appel. ((*Contrà*, Code de proc. civ., 1030. Cass. 2 frim. an 13, 23 mai 1817, 5 décembre 1822. — V' d'ailleurs ce que nous disons à cet égard sur l'art. 17 de la nouvelle loi, ci-après p. 61.))

SECTION 4. — *Des incompatibilités prononcées contre les fonctionnaires publics attachés à la justice de paix.*

D'après la loi du 24 vendémiaire an 3, qui déroge, tit. 4 art. 4. aux dispositions contraires des lois précédentes, le juge de paix ne peut cumuler avec ses fonctions celles des places suivantes :

De 1° membre des administrations de département (tit. 1 art. 1). — 2° D'officier municipal, maire ou adjoint (*ibid.*). — 3° De commissaire du gouvernement près ces administrations (*ibid.*) ; et par suite dans l'état actuel, de préfet ou sous-préfet ; — 4° de greffier des administrations ci-dessus nommées (*ibid.*). —5° De notaire, (*ibid*, art. 2). — 6° De membre d'une administration forestière (*ibid.*). —7° De receveur de l'enregistrement (*ibid.*). — 8° D'employé dans le service des douanes, postes et messageries ((le service des messageries n'est plus une administration publique)). — 9° De fonctionnaire public dans une place sujette à une comptabilité pécuniaire (*ib.*).—10° De membre de la Cour de cassation, (même loi, tit. 1 art. 1). —11° De juge des tribunaux civils (*ib.*), de première instance et Cours d'appels, et des tribunaux criminels (*ibid.*).—12° De juge d'un tribunal de commerce (*ibid.*).—13° De procureur du roi près d'un tribunal quelconque (*ibid.*).—14° De greffier d'aucun tribunal, ou commis-greffier salarié, (*ibid.*). — 15° D'instituteur salarié (*ibid.*), tit. 4, art. 1.

Les greffiers des justices de paix sont exclus des mêmes fonctions que les juges de paix (*ibid.* aux endroits cités). — La loi du 29 ventose an 9, qui a créé les suppléans des juges de paix, ne dit rien sur l'incompatibilité de leurs fonctions avec d'autres fonctions publiques. Il paraît raisonnable de leur appliquer les incompatibilités prononcées contre les juges de paix qu'ils sont appelés à remplacer ; elles avaient été étendues aux assesseurs par la loi ci-dessus citée du 24 vendémiaire an 3, tit. 1 art. 1. — *Nota.* Un arrêt de rejet de la Cour de cassation, du 2 frimaire an 4, décide qu'il n'y a pas d'incompatibilité entre les fonctions de juge suppléant près le tribunal civil et celui de suppléant de juge de paix ((et les nominations de chaque jour nous apprennent aussi que les notaires ne sont pas exclus des places de suppléans des justices de paix.))

Un ministre du culte catholique peut-il être juge de paix ? Plusieurs raisons doivent détourner les ministres du culte catholique d'accepter les places de juge de paix. Ils ont voué tout leur temps aux fonctions ecclésiastiques dont ils sont chargés ; ils sont en trop petit nombre eu égard à celui des places à remplir. Les fonctions conciliatrices de juge de paix conviennent à la vérité à leur caractère ; mais les fonctions contentieuses civiles répugnent aux paroles de paix et d'union qu'ils doivent prononcer ; encore plus les fonctions de police et les fonctions criminelles. — Néanmoins, il n'y a pas d'obstacle légal à la réunion des deux fonctions. A la vérité, la loi du 2-11 septembre 1790, faisant suite à celle du 16 août précédent, portait : art. 1, « Les ecclésiastiques ne peuvent être élus aux places de juge dont les fonctions sont déclarées incompatibles avec celles de leur ministère. » Mais cette disposition a cessé, lorsque le gouvernement n'a plus reconnu de culte religieux exclusif : aussi, la loi ci-dessus citée qui règle les incompatibilités des différentes fonctions publiques n'en fait aucune mention.—Maintenant le gouvernement sans reconnaître un culte dominant, laisse à différens cultes un exercice public. La religion catholique est la plus répandue ; elle est professée par le roi, par la maison royale et par la plus grande partie des fonctionnaires publics de tout genre ; ses ministres reçoivent un honoraire du gouvernement ; mais il n'a pas été prononcé à leur égard d'incompatibilité : on ne peut les assimiler aux instituteurs salariés. — Il est certain qu'il n'y a point ici d'incompatibilité de droit ni canonique, ni civile ; il n'y en a point de canonique, parce qu'aucun canon ne prononce de prohibition à cet égard si ce n'est pour l'administration de la justice au grand criminel. Il n'y en a point de civile, et il y avait autrefois dans les tribunaux royaux, une partie des places affectées à des clercs. — Mais il y a incompatibilité de fait, parce que chacune des fonctions dont il s'agit, demande tout le temps de celui qui se charge de la remplir. Un curé n'aurait aucun instant à donner à la justice de paix, et *vice versâ.*—Il faut nécessairement opter. Point de doute qu'un ecclésiastique ne puisse être juge de paix, mais alors il doit s'en tenir là. Il ne peut plus exercer le ministère.

CHAPITRE III. — DE LA JURIDICTION CONTENTIEUSE DU JUGE DE PAIX.

Nous examinerons successivement quelles affaires sont de la compétence de la justice de paix ; la demande à former, l'instruction, les incidens qui peuvent survenir, les dépens ; enfin les suites du jugement.

SECTION 1re. — *Quelles affaires sont de la compétence du juge de paix.*

Nous considérerons séparément les attributions primordiales de la justice de paix, et les attributions qui lui ont été faites depuis l'origine.

Attributions primordiales (ou principales) *de la Justice de l'aix.*

Commentaire de la loi du 25 mai 1838.

ARTICLE PREMIER.

Les juges de paix connaissent de toutes actions purement personnelles ou mobilières, en dernier ressort, jusqu'à la valeur de 100 fr., et, à charge d'appel, jusqu'à la valeur de 200 fr.

L'art. 9, tit. 3 de la loi des 16-24 août 1790 qui a déterminé les attributions primordiales des juges de paix, les avait autorisés à connaître de toutes les causes purement *personnelles ou mobilières*, sans appel, jusqu'à la valeur de 50 livres, et à charge d'appel, jusqu'à la valeur de 100 livres.

Les législatures, ajoutait cet article, pourront élever le taux de cette compétence.

Cette réserve, a-t-on dit à la chambre des députés, lors de la discussion de la loi actuelle, était parfaitement inutile. Cela est vrai ; mais il nous semble aussi que l'assemblée constituante, en l'insérant dans la loi de 1790, avait eu en vue, non pas de concéder aux assemblées qui devaient la suivre un droit qui leur appartenait incontestablement, mais d'indiquer ainsi que dans son esprit même, le fait de la compétence fixée par elle n'était qu'un essai, qu'un provisoire pour ainsi dire, susceptible d'être augmenté aussitôt que l'expérience aurait démontré la justesse de ses prévisions.

C'est en ce sens qu'avait été interprétée cette phrase de la loi de 1790, par les rédacteurs du projet de loi présenté à la chambre des députés dans la session de 1835 ; aussi avaient-ils autorisé les juges de paix à connaître des actions purement personnelles et mobilières jusqu'à la valeur de 150 f. en dernier ressort, et à charge d'appel jusqu'à la valeur de 300 fr.

Ce projet souleva un grand nombre de contradictions, qui, presque toutes, furent renouvelées à l'occasion de l'article qui nous occupe.

On prétendit « que cet article donnait beaucoup trop d'extension aux justices de paix, qu'il mutilait à leur profit les tribunaux ordinaires, et enlevait aux magistrats inamovibles une grande partie de leurs attributions pour les transporter aux juges révocables : que le juge de paix n'était en quelque sorte qu'un officier commissionné, une espèce d'agent du pouvoir, puisqu'il était révocable *ad nutum*, et que lancé en quelque sorte dans une carrière nouvelle, accablé sous le poids des attributions dont on voudrait le surcharger, le juge de paix cesserait d'être le conciliateur des parties.

» Prenons garde, ajoutait-on, prenons garde, Messieurs, que cette augmentation de pouvoir ne fausse l'institution et ne tue l'un des plus beaux ouvrages de l'assemblée constituante.

» Y a-t-on songé d'ailleurs ? Dans ces nouvelles juridictions, quelle sera la sauvegarde des mineurs, des interdits, des absens, de tous ceux en un mot que la loi avait placés sous l'égide du ministère public ? Avec votre extension de compétence, ne s'élèvera-t-il pas des questions dont la solution pourra compromettre leur fortune ? Mais alors qui les protégera ? Qui surveillera leurs intérêts, leurs droits mal défendus ? » Discours de M. Gaillard de Kerbertin, *Mon.* du 14 avril 1837.

» Tout accroissement de compétence au-delà des limites tracées par l'assemblée constituante, sauf toutefois celui que commande la différence de valeur du numéraire, doit être refusé aux justices de paix, disait-on encore.

» Mais si les valeurs des transactions ne sont plus les mêmes qu'en 1790, ce n'est pas une raison pour accorder aux juges de paix les nouveaux pouvoirs qu'on se propose de leur attribuer ; ils sont évidemment excessifs et sans nécessité, à la conservation de tous les tribunaux d'arrondissement, dont les présidens ont la faculté de statuer en référé sur ce qu'il y a de plus urgent dans les affaires. Ces pouvoirs embrassent la plus grande partie des actions déférées aux tribunaux d'arrondissement ; et si on y ajoute les actions possessoires, celles en paiement de loyers et fermages, de réparations locatives, d'indemnités réclamées par les locataires et fermiers, de celles pour dommages aux champs, fruits et récoltes, les procès en bornage, les contestations relatives aux gens de travail, celles entre voyageurs et aubergistes, les réparations civiles pour diffamation et injures, enfin les autres attributions détaillées au projet, vous serez convaincus que, sauf un petit nombre d'exceptions, les différends habituels entre particuliers seront jugés par le magistrat du canton, et que si la loi est adoptée, elle entraînera nécessairement la réduction des tribunaux supérieurs.

» Bien loin que la loi nouvelle puisse contribuer à rectifier l'administration de la justice, elle finira par y occasioner une désorganisation complète, après avoir ôté aux tribunaux d'arrondissement les pouvoirs dont la loi qui les institue les investit, et qui doivent leur être conservés dans l'intérêt des justiciables. » Discours de M. Merlin de l'Aveyron, *Mon.* du 14 avril 1837.

» D'après la loi de 1790, les petites affaires, les affaires de peu d'importance, les affaires minimes étaient jugées par trois juges, et c'était une garantie que le concours de ces trois opinions. Mais depuis, une loi de l'an 9 a supprimé les assesseurs. Est-il donc convenable d'accorder aujourd'hui à un juge unique le droit de décider sur des intérêts aussi majeurs, quand les législateurs de 1790 n'avaient pas cru devoir laisser décider par lui seul les contestations les moins épineuses. » Discours de M. Legail, *Mon.* du 15 avril 1837.

» Mon esprit n'a pu se façonner encore, disait un autre orateur, à cet axiome : *qu'il est plus important de juger que de bien juger.* Pour moi je ne connais qu'une justice, c'est celle qui pèse ses arrêts au lieu de les compter, et c'est pour elle que je réclame aujourd'hui, en votant contre l'extension qu'on veut donner aux justices de paix.

» Des conciliateurs, Messieurs, voilà ce que l'institution réclame, et ce que le projet ne permet pas d'espérer. » Discours de M. Muteau. *Mon.* du 15 avril 1837.

» Une loi dont l'exécution va être journalière, si elle est approuvée, disait-on enfin, ne devait laisser rien à désirer, ne présenter aucune disposition vague, incertaine, écarter toute confusion de pouvoir, et se trouver d'accord avec les règles fixes et inébranlables d'une compétence à l'abri de toute critique et de toute contradiction. Quoique élaborée, approfondie par le savoir et l'expérience de la magistrature qui occupe les premiers rangs de l'ordre judiciaire, et des jurisconsultes dont le gouvernement s'est entouré, la loi qu'on soumet à nos délibérations présente une confusion extraordinaire entre les nouveaux tribunaux de paix, ceux de première instance et les Cours royales. Tous les avantages de l'ancienne législation, sagement combinée par l'assemblée constituante, entre les trois pouvoirs judiciaires,

utilement pondérés et équilibrés, se trouvent détruits, puisque les tribunaux de première instance, comme juges d'appel, pourront connaître en dernier ressort des contestations qui excèdent leur compétence souveraine (V. ci-apr. art. 5 et 6), tandis que quand il s'agira d'une action indéterminée, quoique moindre, qui leur sera soumise en première instance, leurs décisions attaquées devant les Cours royales ne seront pas à l'abri de la réforme et de l'annulation.

» Il ne faut pas perdre de vue que les contestations que l'on fait entrer dans le cercle de la compétence des juges de paix exigent des hommes actifs, versés dans la connaissance des affaires judiciaires, dans l'application des formes de la procédure civile ; et que ces tribunaux, par l'innovation que vous allez faire, vont être forcés de donner des audiences journalières pour pouvoir suffire à leur travail. Or, sera-t-il possible de les organiser de manière à concilier l'intérêt public avec cette masse d'intérêts particuliers qui vont s'agiter devant eux ? Où trouverez-vous des juges instruits, expérimentés, capables d'observer les formes légales et de rendre, avec activité, bonne et prompte justice ? Empêcherez-vous, dans chaque chef-lieu de canton, la réunion d'une foule de praticiens qui, sous le prétexte de servir de conseils aux cultivateurs, finiront, en y entretenant les procès, en les multipliant même, par causer la ruine des plaideurs ? Vous allez rétablir ce fléau destructeur que l'assemblée constituante en avait écarté, et avec eux tous les abus qui assiégeaient autrefois les anciennes justices seigneuriales.

» D'ailleurs, n'implique-t-il pas contradiction, d'un autre côté, que le juge du canton puisse connaître de toutes actions personnelles et mobilières, jusqu'à la somme de 200 fr., et qu'il lui soit interdit d'ordonner de preuve testimoniale au-delà de 150 fr., même pour toutes créances inférieures quelconques, établies par titres ? » Discours de M. Merlin, de l'Aveyron, *Mon.* du 24 avril 1838.

Ces raisons paraissent, au premier abord, ne pas manquer d'une certaine force, toutefois elles ne sauraient balancer les considérations qui ont décidé nos législateurs à voter l'extension proposée ; voici en résumé les réponses faites à ces objections :

« Les reproches qu'on adresse au projet de loi étaient peut-être fondés lorsqu'ils s'adressaient à celui qui fut présenté en 1835 ; mais ils ne le sont nullement aujourd'hui que le projet actuel est débarrassé de cette superfétation d'attributions imaginée en 1835, et qui transférait aux juges de paix la connaissance de la plus grande majorité des procès. On se plaint de ce que la loi nouvelle établira dans certains cas un double degré de juridiction, mais on oublie que ce double degré n'est que le retour au droit commun. » Discours de M. de Golbéry, *Mon.* du 14 avril 1837.

» La loi actuellement en discussion, loin d'entraîner les inconvéniens qu'on s'est plu à signaler, peut devenir une source d'avantages pour les classes pauvres, pour les habitans peu aisés de nos campagnes, qui ont le plus grand intérêt à voir se terminer promptement, à peu de frais, sans être assujétis à des déplacemens toujours onéreux, une foule de petits procès, de petites contestations, dont la faible importance ne paraît pas exiger les solennités dispendieuses de la juridiction ordinaire. »Discours de M. Delespaul, *Mon.* du 15 avril 1837.

» En portant d'ailleurs la compétence à 100 f. en dernier ressort, et à 200 f., à charge d'appel, l'art. 1er du projet de loi ne fait que rétablir les parties dans la position où elles avaient été placées par la loi de 1790. Car si l'on examine le tableau des mercuriales depuis 1786 jusqu'en 1837, on voit que la valeur des grains, à laquelle on se reporte communément pour apprécier les différences de valeurs monétaires, a augmenté de près de 40 p. 0⁄0.

» Du reste, lorsque le projet de loi fut soumis à l'examen des Cours du royaume, aucune d'elles n'a élevé d'objection sérieuse contre cet article premier, dont cependant les chiffres alors étaient de 150 et 300 fr. ; il est au contraire formellement approuvé par les Cours de Bastia, Orléans, Amiens, Besançon, Caen, Colmar et par la Cour suprême. »

Ces raisons nous semblent décisives, et laisser sans valeur les objections que nous avons rapportées tout à l'heure, et qui, il faut bien le reconnaître, malgré la chaleur avec laquelle elles furent présentées et le nombre des orateurs qui les soutinrent, sont beaucoup plus spécieuses que réelles.

Nous donnerons une analyse rapide de celles qui furent faites plus spécialement sur telle ou telle disposition de la loi, au fur et à mesure que nous arriverons à l'examen des articles qu'elles concernent.

Outre l'extension de juridiction, l'art. 1er a tranché une question long-temps controversée.

En effet, toute action personnelle est nécessairement mobilière, mais toute action mobilière n'est pas nécessairement personnelle. La revendication, par exemple, d'un meuble perdu ou volé, autorisée par les art. 2279 et 2280 du Code civil contre le tiers acheteur de bonne foi, est une action réelle, quoique mobilière ; de même cette revendication exercée contre le voleur est une action mixte.

Doit-on conclure de là, disait-on, qu'une telle action à la fois mobilière, réelle ou mixte sorte de la compétence des juges de paix, parce que la loi de 90 semble ne leur attribuer que la connaissance de toute cause ou action personnelle *et* mobilière? N'y a-t-il pas lieu de croire, au contraire, que la loi ne s'est servie que par erreur de la conjonction *et*, au lieu de la disjonctive *ou*. L'art. 2 du Code de procédure civile portant que la citation doit être donnée, en matière purement personnelle ou mobilière, devant le juge de paix du défendeur, ne confirme-t-il pas ce système? Quelle raison d'ailleurs de refuser au juge de paix la connaissance des actions purement mo-

bilières, réelles ou mixtes, dont la valeur n'est pas supérieure à celle des actions personnelles dont le jugement lui est déféré. V. Dalloz, t. 3, p. 283 ; Carré, t. 2, p. 283 ; Favard, Vᵒ *Justice de paix*, nᵒ 2.

La loi, répondait-on, dit : les actions purement mobilières ; ainsi les actions immobilières, quel que soit leur peu d'importance, ne sont pas de la compétence des justices de paix.

La loi dit encore : les actions purement personnelles ; ainsi, malgré le peu d'importance d'une action, on ne peut porter devant le juge de paix, ni les actions purement réelles, comme l'action hypothécaire contre le tiers détenteur, ni les actions mixtes qui sont tout à la fois personnelles et réelles, comme les actions en partage. Et la Cour de cassation avait jugé, conformément à cette doctrine, que l'action en paiement d'une certaine somme, dirigée contre un co-héritier en qualité de détenteur des biens de la succession étant une action mixte, se trouvait hors des attributions du juge de paix, lequel était incompétent *ratione materiæ*. Cass., 24 août 1826; Dalloz, t. 27, 1ʳᵉ part., p. 11.

La rédaction de la loi nouvelle fait disparaître ces difficultés ; aujourd'hui le juge de paix est compétent pour connaître d'une action mobilière, qu'elle soit personnelle, réelle ou mixte sans distinction.

Mais si la demande était indéterminée, le juge de paix pourrait-il en connaître? Non. Toutefois la loi ne dit pas de quelle manière cette demande doit être déterminée. L'article 3 du projet de loi présenté en 1835, portait : « la compétence sera déterminée, s'il s'agit d'une somme d'argent, par les conclusions du demandeur ; s'il s'agit d'effets mobiliers, par l'*évaluation contenue en la demande* (la commission de la chambre des députés avait remplacé ces mots par ceux-ci : *«qu'on sera tenu de donner en la demande»*), sauf au défendeur à contester cette évaluation ; auquel cas le juge de paix prononcera sur sa compétence par une disposition distincte. Les intérêts ou dommages et intérêts réclamés pour causes antérieures à la demande, seront comptés pour déterminer la compétence. »

Cette disposition, qui avait le grave inconvénient de contredire des principes généralement admis, n'est pas restée dans la loi. Ainsi, il est évident que, de quelque manière que la demande soit déterminée, le juge de paix doit statuer.

La commission nommée par la chambre des pairs pour l'examen du projet de loi, avait proposé, comme amendement à l'art. 1er, un paragraphe ainsi conçu : *Cette juridiction s'étendra aussi aux affaires commerciales dans les limites de la compétence ci-dessus, dans les lieux où le tribunal de première instance remplit les fonctions de tribunal de commerce.*

M. le garde-des-sceaux déclara adhérer à la modification proposée, avec d'autant plus d'empressement, dit-il, que la contrainte par corps ne pouvait être prononcée dans les limites de cette somme. « L'amendement de la commission, ajouta aussi M. le commissaire du roi, nous semble d'autant plus juste que, dans ces matières, c'est le tribunal de première instance qui prononce. Or, pourquoi faire une distinction entre les affaires commerciales et les affaires purement civiles; les unes se trouvent être portées devant le juge de paix lorsqu'elles ne s'élèvent pas à plus de 200 fr., pourquoi n'y porterait-on pas les autres ? »

« La commission, observa aussi M. le rapporteur, a été fortement préoccupée de l'état des choses présenté par plusieurs pétitionnaires, et qui est à la connaissance d'un grand nombre de ses membres; je veux parler de cette espèce de fléau qui s'attache aux habitans des campagnes; cette plaie de l'usure qui cherche à enlever les habitans des campagnes à la juridiction habituelle des justices de paix, pour les traîner devant des tribunaux éloignés. On fait souscrire à un simple paysan un billet à ordre, qu'on fait revêtir de l'endossement d'un négociant, ce qui rend le billet à ordre passible du tribunal de commerce. On enlève ainsi à la connaissance du juge de paix une cause purement personnelle, et on entraîne le débiteur réel devant le tribunal de commerce, ce qui l'expose à des frais considérables et l'oblige à des déplacemens ruineux.

» Ces motifs l'ont décidée à passer par dessus des considérations d'un ordre secondaire. En effet, quoique les raisonnemens qui peuvent être opposés, soient fondés en droit, ils ne doivent pas empêcher l'adoption du paragraphe proposé par la commission, parce qu'on doit être pleinement rassuré sur le nombre des affaires dont il pourra être fait appel. »

« Cependant, objectait M. le comte Portalis, il y aura donc deux ordres de juridiction dans les affaires commerciales, et le commerce sera privé, dans certains cas, de cette juridiction consulaire qui lui est si nécessaire et si précieuse. De plus, par une singulière anomalie, les juges de paix seront incompétens pour les affaires commerciales dans les arrondissemens où il n'existe pas de tribunaux de commerce proprement dits, et ne le seront pas dans les arrondissemens où il en existe. Mais, si l'attribution qu'on propose de leur donner est utile, elle doit être universelle; si elle ne l'est pas, elle ne doit leur être accordée en aucun cas. On ne peut établir deux ordres de juridiction alternatifs sur la même matière.

» Ce n'est pas contre l'extension de la compétence que je m'élève, c'est contre le changement de nature de la juridiction. Dans l'état actuel des choses, c'est le tribunal de commerce qui juge en dernier ressort toutes les affaires commerciales jusqu'à 1,000 fr. Ces affaires ne subissent qu'un seul degré de juridiction. Or, qu'arrivera-t-il dans les affaires où il s'agit d'une valeur au-dessus de 100 fr. ou au-dessous de 1,000 fr? On les portera d'abord devant le juge de paix, et ensuite elles seront soumises au second degré de juridiction. De plus, les tribunaux de commerce deviendront les tribunaux d'appel, chose pour laquelle ils ne sont point institués. C'est, il me semble, dénaturer l'institution toute spéciale de la juridiction commerciale.

» M. le commissaire du roi a dit qu'il y aura très peu d'appels. C'est une chose dont je m'occupe peu, toutefois il me semble qu'on ne peut conclure de ce qui s'est passé sous l'empire d'une loi, ce qui se passera sous l'empire d'une autre. Ce que je vois, c'est qu'on introduit un deuxième degré de juridiction là où il n'y en avait qu'un; et, ce qu'il y a de singulier, c'est qu'on ne l'établit pas dans tous les cas. Là où il y a un tribunal de commerce, le juge de paix ne connaîtra pas des affaires commerciales en premier ressort; là où il n'y a pas de tribunal de commerce et où il est remplacé par le tribunal de première instance, le juge de paix en connaîtra.

» La dérogation que l'on veut établir dans l'ordre actuel n'est nullement motivée; je ne vois pas pourquoi on veut établir un nouveau système de juridiction pour les plus petites affaires et sans aucune utilité. »

« Il ne faut pas dire, ajoutait M. le baron Voysin de Gartempe, que cette disposition est d'un ordre secondaire; elle est d'un ordre primordial; elle tend à prolonger indéfiniment les affaires, elle crée une anomalie que je ne puis comprendre, elle établit dans la loi une bigarrure contraire à tous les principes. »

Ces considérations, appuyées par MM. Séguier et de Bastard, firent repousser l'amendement de la commission. V. *Mon.* du 18 avril 1838.

La commission de la chambre des députés avait aussi proposé (Session de 1837) comme conséquence de l'art. 1er, un art. 2, dont voici les termes :

Les juges de paix connaissent dans les limites de l'art. précédent, des demandes en reconnaissance d'écriture, sauf l'application de l'art. 14 du Code de procédure civile à tous les cas où l'une des parties déclarera vouloir s'inscrire en faux, déniera l'écriture ou déclarera ne pas la connaître.

La majorité des Cours royales et la Cour de cassation s'étant élevées fortement contre cette innovation qui se trouvait déjà dans le projet de 1835, firent surtout valoir ces considérations: que l'article nouveau ferait toujours deux procès au lieu d'un; que, dans les reconnaissances d'écriture, il y avait toujours une teinte de criminalité qui touchait à l'honneur des citoyens; que c'était un fait connu, que, dans les campagnes, un homme qui passe pour avoir dénié sa signature est tout aussi déshonoré que celui qui aurait été soupçonné de faux; que, d'ailleurs, il n'y avait nulle raison d'accorder aux juges de paix un droit que l'art. 427, C. proc. civ. dénie au tribunal de commerce.

Toutefois, la commission persista en son projet de rédaction, prétendant qu'on n'avait pas fait assez attention qu'il ne s'agissait point de *vérification d'écriture*, mais d'une simple *reconnaissance d'écriture*, ce qui était tout différent; et que d'ailleurs, les dispositions des art. 14 et 193 du Code de procédure civile portaient en germe le principe que la commission voulait faire admettre dans la loi.

» Lorsqu'un individu, disait-elle, sera porteur d'un billet de 100 fr., par exemple, et qu'il voudra avoir une reconnaissance de son titre, il ira devant le tribunal civil, puis ensuite il sera obligé de retourner devant le juge de paix à l'effet d'obtenir condamnation pour le paiement de son billet à son échéance, mais cela ne saurait être.

» Si l'on admet que l'on doive retrancher du projet de loi l'article présenté par la commission qui concerne la reconnaissance d'écriture, on crée par cela même une véritable exception aux principes que l'art. 1er a consacrés, on fait pour ainsi dire le procès aux demandes en reconnaissance d'écriture, non seulement devant les justices de paix, mais aussi devant les tribunaux civils.

» Or, faut-il passer condamnation sur cette procédure, déclarer qu'elle est frustratoire? La commission ne le pense pas. On a tranché, du reste assez vite à cette tribune, une question qui, dans la pratique est fort controversée, c'est celle de savoir *si, même en l'absence de l'article qu'on propose d'établir dans la loi, les contestations en reconnaissance d'écriture n'iraient pas devant le juge de paix.* »

Malgré ces raisons l'article fut rejeté après un discours de M. le garde-des-sceaux dans lequel il les réfutait. Voici les *principaux passa-sages* de ce discours fort important, puisqu'il décide sans réplique la question dont parlait M. le rapporteur de la commission :

« Le projet de loi discuté aujourd'hui a surtout pour but de simplifier la procédure et d'économiser les frais. L'article que l'on vous propose a une tendance toute contraire; il multiplie les procédures, et par cela même il multiplie les procès et les frais, le tout sans aucune utilité. Quand on assigne une personne devant un juge, c'est sans doute pour qu'elle ait la faculté de contester. Mais, d'après le projet de la commission, il n'y a pas de contestation possible. On cite en reconnaissance d'écriture; si l'on conteste, il faut s'en aller devant un autre juge. Alors, c'est donc un acte en reconnaissance qu'on demande au juge de paix ; on prend le juge de paix pour un notaire. Mais cela ne rentre pas dans l'institution des juges de paix.

» Maintenant j'ai dit que l'article est complètement inutile; j'ajoute qu'il est frustratoire, car à quelle époque citera-t-on en reconnaissance d'écriture? Il ne peut y en avoir que deux : avant l'exigibilité ou après l'exigibilité du titre ; je maintiens que, *dans les deux cas*, cela n'est utile à rien, si ce n'est à dénaturer les con-

ventions des parties; que c'est céder à une vieille routine qui existe encore dans les tribunaux où l'on cite en reconnaissance d'écriture avant l'échéance de la dette.

» Autrefois on avait intérêt à citer en reconnaissance d'écriture avant l'échéance de la dette, parce qu'on pouvait prendre une inscription ; mais depuis que la loi de 1807 a supprimé la faculté de prendre inscription avant l'échéance, il en résulte que la demande en reconnaissance d'écriture est sans utilité... Je me trompe, elle va directement contre ce que les parties se sont proposé; elle a pour objet de changer le titre. Vous vous étiez contenté d'un acte sous signature privée, vous saviez que vous n'aviez qu'un billet, l'écriture n'en était pas avouée, l'objet de cette vieille routine est précisément de changer le titre; car le lendemain du jour où vous aurez signé un acte sous signature privée, aux termes de la loi de 1807, un individu pourra vous assigner à ses frais devant le tribunal de paix pour voir dire que la signature sera reconnue.

» Sans doute on peut le faire devant les tribunaux de première instance. Puisque la loi existe, je n'ai rien à dire ; mais vouloir introduire dans les justices de paix cette procédure en reconnaissance d'écriture qui n'y existe pas encore, je dis que c'est une chose inutile et frustratoire, car elle est sans intérêt pour les parties, qui n'ont plus la faculté de prendre inscription avant l'échéance, et de plus contraire à leurs conventions, car les parties ont voulu faire un acte sous signature privée, et non faire un acte authentique.

» Mais c'est surtout pour le cas où on la demandera après l'échéance que j'insiste, car alors elle aura pour objet de faire des frais, ce que nous voulons éviter. Quand le porteur d'un titre pourra demander la reconnaissance de l'écriture, on fera deux procès. Les magistrats qui siégent dans cette enceinte ont parlé de praticiens mal famés qui s'établiraient près du siége des juges de paix. Eh bien, ces hommes, chassés de leur corporation, ne manqueront pas de faire deux procès au lieu d'un. On citera devant le juge de paix en reconnaissance d'écriture, premier procès; puis on citera pour le paiement, second procès.

» Je le répète, cet amendement est inutile en fait; il dénaturerait les conventions des parties. Je demande donc le rejet de cet article, contre lequel ont protesté la plupart des Cours royales. » V. *Mon.* du 15 avril 1837.

On sait qu'on entend par actions personnelles, celles par lesquelles on agit en justice *in personam*, contre celui qui nous est *obligé* en vertu d'une obligation conventionnelle, ou d'un engagement résultant de l'autorité seule de la loi; et par *actions mobilières*, toutes celles qui ont pour objet un meuble ou un objet mobilier.

On est généralement d'accord sur ces définitions; il semble alors au premier aperçu que rien n'est plus facile que de reconnaître les actions personnelles ou mobilières ; mais l'expérience démontre qu'il n'en est pas toujours ainsi. Voici sur ce point et sur tout ce qui s'y rattache un aperçu de la jurisprudence; il pourra servir à lever les principales difficultés dans cette matière délicate.

Sont personnelles et mobilières, et doivent conséquemment être portées devant le juge de paix dans les limites de notre article :

1° L'action qui est exercée par un percepteur contre un de ses contribuables, afin d'obtenir le remboursement d'avances qu'il a faites pour lui. Arr. cons. d'Ét. du 16 février 1826 ; Carré, *Justices de paix*, t. 2, p. 150.

2° L'action qui est intentée par des maîtres de postes contre un entrepreneur de voitures, pour avoir paiement de l'indemnité résultant de ce que celui-ci aurait conduit un voyageur à grandes journées sur une grande route sans prendre les relais de la poste. Arg. de la loi du 19 frimaire an 7, art. 2, 3 ; Cass., 29 juin 1819, B. civ., n° 50.

3° Celle qui est intentée pour fermage d'un banc dans une église. Cass., 4 février 1824.

4° Pour casuel d'un curé, résultant de droits de baptême, mariage, enterrement, etc. V. notre *Répertoire*, v° *Actions*.

5° L'action en paiement d'honoraires, et frais réglés et taxés par le président du tribunal civil, au profit d'un notaire : les art. 60 du Code de procédure, et 173 du décret du 16 février 1807, qui attribuent aux tribunaux de première instance les demandes faites pour frais par les officiers ministériels ne s'appliquant pas aux notaires. Décis. du minist. de la justice, 4 décembre 1826 ; 8 novembre 1827 ; 28 mai 1828 ; 30 novembre 1829 ; *Journal des Notaires*, art. 6,834 et 7,034.

6° Celle en paiement des honoraires dus à un avocat. Cass., 6 avril 1830. *Journal des Avoués*, t. 39, p. 293.

7° L'action en dommages-intérêts, résultant de l'inexécution d'un marché pour constructions dans un bâtiment. Cass., 28 novembre 1821 ; Carré, *Justice de paix*, t. 2, p. 155.

8° La demande en prestation d'une rente payable en nature et en argent, si elle n'affecte en aucune manière le fond du droit en vertu duquel cette rente est due. Cass., 13 octobre 1813. *Bulletin civ.*, n° 110.

La Cour de cassation a décidé que l'action civile en dommages-intérêts, formée par le propriétaire inférieur d'un cours d'eau contre le propriétaire supérieur, pour fait de prise d'eau en un temps prohibé, n'est pas une action purement personnelle et mobilière qui puisse être portée devant le juge de paix, jusqu'à la concurrence de sa compétence en cette matière. Lorsque surtout le défendeur prétend avoir un droit et un titre particuliers, c'est une action ou réelle ou mixte qui doit être portée devant le tribunal d'arrondissement. Cass., 8 avril 1829 ; S. 29, 1, 191 ; D. 29, 1, 213. *V.* ci-après art. 6.

Mais ce système est repoussé par les auteurs. V. notamment Carré, *Lois de l'organisation*,

t. 2, p. 284. Il est contraire à un autre arrêt de la même Cour du 12 mars 1829. V. S., 29, 1, 146, et D., 29, 1, 384.

La demande en paiement d'arrérages d'une rente foncière dont le titre n'est pas contesté, est purement personnelle et mobilière, et peut conséquemment être appréciée par le juge de paix, jusqu'à concurrence du taux de sa compétence. Cass., 18 octob. 1813 ; S., 20, 1, 455.

L'action dirigée contre plusieurs cohéritiers en paiement d'une somme excédant 100 fr., (aujourd'hui 200 fr.) sans expliquer qu'ils sont tenus personnellement, chacun pour la part dont il amende dans la succession, doit être portée devant le tribunal civil et non devant le juge de paix, bien qu'en réalité la part due par chacun des cohéritiers dans la somme réclamée soit inférieure à 100 fr. l'au, 17 juin 1828 ; S., 29, 2, 104 ; D., 29, 2, 141. V° ci-après. art. 9.

La demande de 27 fr. pour partie échue d'une obligation excédant 50 fr. peut être jugée en dernier ressort, bien que le défendeur excipe de la nullité du titre contenant l'obligation. Cass., 21 févr. 1814 ; S., 14, 1, 263. V° ci-ap. art. 9 (1).

Les juges de paix peuvent-ils, dans les limites de l'art. 1er que nous commentons, connaître des vices redhibitoires énumérés dans la loi du 20 mai 1838 ? Cette question nous a été présentée récemment par plusieurs abonnés aux *Annales de la Science des juges de paix* ; nous ne croyons pas cependant qu'elle soit susceptible de grandes difficultés. Le juge de paix sera compétent quand il s'agira de contestations entre deux parties étrangères au commerce, mais il ne pourra statuer, quand la vente qu'il s'agira d'annuler présentera un caractère commercial. V. C. de comm., art. 632 ; V. aussi *Annales*, t. 2, p. 53.

Le juge de paix est-il compétent pour statuer sur l'action du greffier des justices de paix, en paiement de ses déboursés et avances. V. *Annales*, t. 2, p. 279, t. 3, p. 270 et t. 4, p. 138 et 307.

Lorsque sur une demande en paiement d'une somme de 150 à 200 fr. le défendeur ne comparaît pas, quoique régulièrement cité, le juge de paix peut-il se refuser à l'adjudication des conclusions du demandeur, et décider que la créance ne pourra être exigée qu'en plusieurs paiemens et dans le délai qu'il détermine ? V. *Annales*, t. 3, p. 193.

Le jugement qui statue sur une demande dirigée contre plusieurs personnes inculpées de faits distincts et contre chacun desquels on requiert une condamnation de 50 fr. (aujourd'hui 100 fr.) de dommages et intérêts, est-il en dernier ressort ? V. *Annales*, t. 3, p. 222. V. aussi art. 9, ci-après.

Un juge de paix peut-il se dispenser de ré-

---

(1) Pour ce qui est relatif à la prorogation légale et conventionnelle de la juridiction du juge de paix. V° ci-après art. 7, 8 et 9; et notre *Répertoire de la science des Juges de Paix*, v° *Compétence*.

diger et de faire coucher par écrit son jugement, lorsque la partie condamnée offre de payer sur-le-champ le montant des condamnations? V. *Annales*, t. 3, p. 224.

Le juge de paix est-il compétent pour statuer sur une demande en paiement de 10 fr. que le *défendeur* prétend être le reliquat d'un engagement de 250 fr., si le *demandeur* soutient que l'obligation originaire ne s'élevait réellement pas à cette somme, mais seulement à celle de 200 fr.? V. *Annales*, t. 3, p. 277.

Le juge de paix peut-il décider *civilement* sur une demande en paiement de 100 fr. de dommages et intérêts pour coups reçus? V. *Annales*, t. 2, p. 56.

En matière civile et devant la juridiction de paix, le témoignage d'un seul homme est-il suffisant pour établir les faits et pour servir de base à une condamnation, malgré ce brocard du palais: *testis unus, testis nullus?* V. *Annales*, t. 1er, p. 63.

Les juges de paix peuvent-ils connaître des offres réelles, et statuer sur une demande en validité d'icelles, quand la somme offerte n'est pas supérieure à celles fixées pour les limites de leur juridiction. V. *Annales*, t. 1er, p. 152.

Par suite de l'extension de compétence des justices de paix, ces deux dernières questions vont se présenter bien souvent devant elles.

Lorsque le demandeur réduit à une somme de 200 fr. la valeur de l'objet qu'il revendique, le défendeur peut-il être admis à établir que cet objet vaut davantage, pour faire déclarer l'incompétence? V. *Annales*, t. 1er, p. 191.

Voyez encore, sur la compétence, *Annales*, t. 1er, p. 104, t. 2, p. 5, 90, 175, 187 et 204, t. 3, p. 204, 238 et 259, t. 4, p. 6, 174, 213, 230 et 260, et le *Répertoire de la Science des juges de paix*, v° *Compétence.*

ARTICLE DEUX.

Les juges de paix prononcent, sans appel, jusqu'à la valeur de 100 fr., et, à charge d'appel, jusqu'au taux de la compétence, en dernier ressort, des tribunaux de première instance;

Sur les contestations entre les hôteliers, aubergistes ou logeurs et les voyageurs ou locataires en garni, pour dépenses d'hôtellerie et perte ou avarie d'effets déposés dans l'auberge ou dans l'hôtel;

Entre les voyageurs et les voituriers et bateliers, pour retards, frais de route et perte ou avarie d'effets accompagnant les voyageurs;

Entre les voyageurs et les carrossiers ou autres ouvriers pour fournitures, salaires et réparations faites aux voitures de voyage.

Le taux de la compétence des tribunaux de première instance en ces matières est fixé à 1,500 fr. par la loi des 11-13 avril 1838.

Cet article est une innovation complète dans la compétence des justices de paix; elle était réclamée depuis long-temps. Les contestations qu'il a pour but de soumettre à la juridiction des justices de paix, n'étant presque toujours que des questions de fait qui doivent être jugées sur les lieux et à l'instant même, étaient souvent, par la force même des choses, terminées par mesure de police; ce qui était utile sans aucun doute pour les parties, mais contraire à tous les principes qui président à la distinction des pouvoirs administratif et judiciaire.

Cette innovation n'a soulevé dans les Chambres, lors de la session de 1837, aucune objection sérieuse; mais si l'on ne contesta pas le principe qui présida à la rédaction de cet article, on prétendit qu'il allait trop loin en portant la compétence des juges de paix jusqu'au taux de la compétence en premier ressort des tribunaux de première instance. M. Gaillard de Kerbertin tout en reconnaissant (V. Mon. du 18 avril 1837) qu'il était sage de faciliter la solution des contestations nombreuses qui s'élèvent **entre** les voyageurs, les voituriers et aubergistes, **et** que sur ce point il était juste d'étendre la compétence du juge de paix, proposa, dans le but de n'admettre qu'une extension *sagement progressive,* un amendement qui réduisait à 500 fr. le taux de la compétence du juge de paix en premier ressort. Cet amendement ne fut pas adopté.

Lorsque par suite des modifications introduites dans la loi par la commission de la chambre des pairs, cet article fut présenté de nouveau à l'examen de la chambre des députés, une discussion assez vive s'éleva entre MM. Hébert, Durand et Chegaray d'une part, et M. Amilhau et M. le garde-des-sceaux d'autre part.

« L'extension proposée par cet art. 2, disait-on pour faire repousser cette augmentation de compétence, est mauvaise sous plusieurs rapports.

»Sans doute il est bon de mettre à la portée des parties une juridiction expéditive et peu dispendieuse; il est bon de leur donner **un** juge qui ait sur l'objet même de la contestation des connaissances spéciales, plus nettes, plus étendues qu'un juge d'un degré plus élevé.

» On comprend fort bien dans plusieurs des cas indiqués au projet de loi, l'application de ces principes de bonne administration; mais ici se rencontre-t-il quelque chose de semblable ?

» On dit : Mais ce sont des contestations qui peuvent et doivent être jugées à l'instant même. Cette raison aurait quelque valeur, si l'affaire était portée devant le juge de paix du lieu où l'on s'aperçoit de la perte de l'objet réclamé. Le premier projet du gouvernement l'avait proposé; mais cela n'était pas admissible; on l'a reconnu et le rapport le consigne d'une manière formelle ; il dit *que la loi ne change point l'ordre habituel des compétences* ; il n'est donc pas vrai que la disposition se justifie pas la nécessité d'obtenir jugement à l'instant même.

» S'agit-il au moins d'une matière sur laquelle le juge de paix possède des connaissances plus spéciales que tout autre juge ? Il n'en est rien. Comment un juge de paix serait-il plus compétent pour prononcer une condamnation de 1,000 fr. ou 1,200 fr. sur la demande d'un hôtelier contre un individu qui aurait logé chez lui pendant trois ou quatre mois, que pour juger une action intentée par un fournisseur pour le paiement de son mémoire ? Cela n'est pas soutenable. Parvient-on au moins à éviter par ce moyen aux parties une procédure coûteuse? Le croire ce serait se tromper, car toutes les fois que vous aurez investi le juge de paix du droit de prononcer sur une valeur de 6 à 800 fr. l'appel aura lieu; ne croyez pas, en effet, que quand il s'agira d'objets de cette importance, la partie condamnée se soumettra au jugement.

» Il est une autre considération qu'il faut aussi peser. M. le garde-des-sceaux a présenté le tableau comparé des affaires portées devant le juge de paix et des jugemens réformés sur appel : il en résulte que peu d'appels sont interjetés, et que peu de jugemens sont réformés parmi ceux qui sont frappés d'appel. Dans l'état actuel des choses cela s'explique aisément : mais adoptez le projet de loi, il arrivera nécessairement qu'un plus grand nombre de questions difficiles étant portées devant eux, une plus grande quantité de leurs jugemens sera réformés.

» Or, croit-on que ce soit là un moyen de donner au juge de paix plus de considération et d'influence dans son canton ? L'infirmation des jugemens des tribunaux de première instance est un fait qui passe inaperçu; mais il n'en sera pas ainsi des décisions des juges de paix.

» Les cas énumérés par l'article en discussion ne présentent pas à juger ces questions simples , comme disait le rapport de M. Thouret à l'Assemblée constituante, pour lesquelles l'homme des champs a des connaissances suffisantes. Voyons le cas, par exemple, où un individu ayant déposé ses effets dans une hôtellerie où ils ont été perdus demande la restitution ou des dommages-intérêts contre l'hôtelier.

» Cette seule question , la question de savoir dans quel cas il y a dépôt, dans quel cas il y a obligation nécessaire pour l'hôtelier de répondre de la perte ; cette seule question a occupé pendant long-temps les Cours du royaume , et la Cour de cassation elle-même. C'est une question de droit et non de fait. Eh bien ! il faut laisser autant que possible le juge de paix étranger à ces questions de droit, parce qu'il n'a pas fait les études préliminaires qui peuvent le rendre habile à connaître les lois et surtout à les interpréter.

» Remarquez, dit-on, que ce sont des matières tout à fait à la portée des juges de paix, et, pour de pareils objets, vous allez forcer les parties à se jeter dans une longue involution de procédures ! C'est une erreur.

» Voici ce qui arrive aujourd'hui : celui, par exemple, qui a perdu dans une hôtellerie une valeur de 1,200 à 1,500 fr., cite l'hôtelier devant le juge de paix en conciliation, et faute de conciliation, il assigne devant le tribunal. Or, de deux choses l'une, ou vous pensez que le juge de paix conciliera, ou vous croyez qu'il ne le pourra pas. Dans ce dernier cas, pourquoi voulez-vous forcer à intenter l'action devant le juge de paix ? Croyez-vous que le juge de paix aura plus d'autorité comme juge que comme conciliateur ?

» L'article en discussion ne présente pas du tout les inconvéniens dont on vous parle, répondait-on; pour s'en convaincre il suffit de le lire.

» Arrivons à l'application: un voyageur est descendu dans une auberge ; sa malle lui a été enlevée. Il est obligé de continuer sa route, parce que des affaires importantes l'appellent à une autre destination. Veut-on qu'il ait à subir tous les préliminaires que l'on propose ; qu'il cite en conciliation, qu'il se présente devant les tribunaux avec toutes les lenteurs de la procédure et de la plaidoirie ? En attendant, comment voyagera-t-il ? que deviendront ses effets ? Que deviendront surtout ses affaires ? On sent, messieurs , que poser la question, c'est la résoudre.

» Dans l'état actuel des choses, lorsqu'un débat de cette nature intervient , lorsqu'un voyageur qui est descendu dans une auberge ne retrouve plus les effets qu'il avait la veille, et qu'il est obligé de partir, lorsque l'aubergiste vient à exiger de lui une somme supérieure à celle qui est due, que se passe-t-il ? De deux choses l'une : s'il y a un juge de paix, on va chez le juge de paix, et quoiqu'il n'ait pas d'attribution, le juge de paix fait en sorte de décider la question ; s'il n'y a pas de juge de paix, on est obligé d'en appeler au commissaire de police. Certainement il vaut bien mieux que le législateur établisse un droit plus étendu que de le restreindre, comme on le propose.

» S'agit-il des débats qui peuvent intervenir entre un voyageur et les carrossiers ou les ouvriers auxquels il a été obligé d'avoir recours ? Comment ! une voiture se sera brisée dans un voyage, par exemple, de Paris à Limoges ; le voyageur la fait raccommoder, et lorsque ce voyageur, qui a pris la poste pour aller plus vite, veut poursuivre sa route, vous l'obligerez à aller en conciliation, puis devant les tribunaux, et à attendre deux ou trois mois avant de pouvoir reprendre sa voiture des mains de l'ouvrier ! Cela n'est pas proposable, et le sentiment de toutes les commissions a été qu'il fallait donner au juge de paix compétence sur ce point. Jusqu'à 100 fr., il n'y a aucun inconvénient ; au-dessus de cette somme, si le juge de paix juge mal, on a la ressource de l'appel, qui, loin d'être un mal, est une faculté utile et nécessaire. »

Nous adoptons entièrement ces dernières raisons, mais il nous semble que pour que cet article pût remplir tout-à-fait le but que l'on s'est proposé en l'insérant dans la loi nouvelle, il aurait fallu, surtout en ce qui concerne les §§ 2 et 4, attribuer juridiction au juge de paix du lieu où la dépense était faite.

Cette innovation fut proposée par un des membres de la chambre des députés (M. Daguenet) ; mais elle fut repoussée par cette raison que la loi nouvelle ne devait déterminer la compétence des justices de paix qu'à *raison de la matière*, et qu'il fallait bien se garder de créer de nouveaux réglemens de juridiction. Reproduite par un autre membre (M. Lavielle) dans la séance du 23 avril 1838, elle fut encore écartée par le même motif.

Cette fin de non-recevoir est loin de nous satisfaire ; dans les espèces dont il s'agit ici, ce qui est indispensable, c'est une décision prompte et basée sur les usages locaux ; or, dans la plupart des cas qui se présenteront, la loi nouvelle permettra-t-elle d'arriver à cette décision ? Nous ne le pensons pas.

Sans doute, quand on se risque à modifier l'édifice entier d'une législation, en conservant les plans et les bases premières, on rencontre parfois le danger de rompre l'harmonie de l'ensemble par d'inconciliables additions ; sans doute, on ne doit pas, dans ce cas, se préoccuper exclusivement du soin de satisfaire aux besoins nouveaux , le législateur, dans son prudent travail de révision, doit alors s'attacher non seulement à consacrer le principe nouvellement acquis ou la réforme indiquée par l'expérience, mais encore et surtout à les encadrer exactement dans l'espace qui leur est donné ; mais rester en deçà, c'est le vicier d'une lacune dont la pratique s'aperçoit bientôt.

Quoi qu'il en soit, l'amendement de M. de Kerbertin, proposé de nouveau dans la séance du 23 avril 1838, fut encore rejeté, malgré les discours de MM. Hébert, Durand et Chegaray, que nous venons d'analyser. V. *Mon.* du 24 avril 1838.

Le mot *effets*, dont se sert le § 2 de cet article, a donné lieu à de grandes controverses ; mais en présence de la discussion dont nous venons de donner l'analyse, il nous semble qu'il doit être entendu dans le sens le plus étendu, dans le sens usuel et grammatical.

Il arrive souvent à une certaine classe de voyageurs de faire transporter, voiturer les effets ou marchandises qui les accompagnent, sans pour cela monter dans les voitures , diligences ou pataches avec lesquelles cependant ils voyagent pour ainsi dire *de conserve*. Dans ces occasions, ces effets ou marchandises se trouvant perdus ou avariés, le juge de paix sera-t-il compétent pour juger la contestation dans les limites de l'article dont nous nous occupons ? Nous n'hésitons pas à nous prononcer pour l'affirmative ; en vain dans ce cas dirait-on que les effets n'accompagnent plus les voyageurs ; cette allégation est spécieuse, mais nullement vraie ; l'admettre serait violer l'esprit bien évident de la loi nouvelle.

Il est inutile peut être de dire ici que les dispositions de cet article ne concernent pas l'action qui peut être intentée contre un aubergiste, logeur, etc., pour toute autre chose que dépenses d'hôtellerie, pertes, avaries, etc., et réciproquement; une simple lecture de texte suffira pour le prouver.

Le § 4 de l'art. 2 que nous examinons ne se trouvait pas dans le projet de loi amendé par la commission de la chambre des députés; introduit par amendement, dans le § 3, il en fut séparé sur l'observation faite par un membre de la commission (M. Daguenet. V. *Mon.* du 8 avril, 1837), qu'il avait pour objet de saisir les juges de paix de difficultés dépendantes de deux ordres d'idées différentes.

On avait demandé, lors de la discussion à la chambre des pairs (V. *Moniteur* du 6 février 1838), que cet article 2 fût réuni à l'art. 4. Après une discussion assez vive, cette proposition fut repoussée. *V.* ci-après l'art. 4.

Pour que le juge de paix puisse statuer sur la perte d'un objet appartenant à un voyageur, il faut non seulement que le dépositaire responsable ait *loué* la chambre, l'appartement meublé dans lequel la perte a eu lieu, mais encore que ce dépositaire soit *logeur, aubergiste ou hôtelier soumis à la patente ;* car les termes de la loi créant des exceptions à la juridiction ordinaire ou territoriale, sont essentiellement limitatifs et non pas démonstratifs, et on a jugé qu'on ne peut considérer comme logeurs ou hôteliers les propriétaires d'une ville qui, pendant un temps de foire, *louent*, sans toutefois prendre *patente*, des chambres ou appartemens garnis. Nîmes , 18 mai 1825. Dalloz, t. 25, 2e part., p. 238.

Mais la responsabilité des aubergistes, hôteliers ou logeurs commence *au moment de l'arrivée des voyageurs ou voituriers* dans les auberges et hôtels et ne cesse qu'après leur sortie (Rouen, 14 août 1824. Dalloz, t. 10, p. 793, et t. 2, p. 872), et elle s'étend à tout ce que contient la voiture, argent, effets ou marchandises (Rouen, 13 germinal an 10. Dalloz, *Loco citato*), ainsi qu'à la voiture elle-même et aux animaux qui la traînent, suivent ou portent les voyageurs.

Les aubergistes, logeurs, etc., sont de plus responsables des accidens qui arrivent par leur négligence aux animaux confiés à leur garde moyennant un salaire. (Lyon, 26 janvier 1825. Dalloz, t. 25, 2e p., p. 123.) Ainsi, comme conséquence de cet arrêt, il faut décider qu'un aubergiste n'est pas responsable de la mort d'un cheval placé dans ses écuries et tué d'un coup de pied par un autre cheval, si toutefois rien ne constate qu'il ait été prévenu du vice de ce cheval ou ait dû nécessairement le prévoir. En effet, la responsabilité civile est toujours basée sur la présomption d'un délit ou d'un quasi-délit ; et ce serait blesser les règles du bon sens et de l'équité, que de prétendre rendre un individu responsable d'une perte, d'un accident que la prudence humaine ne pouvait ni prévoir, ni empêcher.

Aux termes des articles 1782 et 1785 du code civil, les entrepreneurs de voitures publiques, les voituriers par terre et par eau sont soumis aux mêmes obligations et à la même responsabilité que les aubergistes, quant aux choses confiées à leur garde, sous la condition toutefois pour les voyageurs, de faire une déclaration spéciale pour l'argent qu'ils confient dans leurs malles ou ballots auxdits entrepreneurs ou voituriers.

Ainsi ils sont responsables de la perte accidentelle et fortuite des objets qui leur sont confiés, lorsque cette perte n'est pas le résultat d'une force majeure ou d'un événement impossible à prévoir ou à prévenir. Cass. 2 thermidor an 8. Dalloz, t. 10, p. 794, n° 1.

Les lois des 25 juillet 1793 et 26 thermidor an 4 limitaient à 150 fr. l'indemnité qui devait être payée en cas de pertes d'effets lorsqu'il n'avait pas été fait d'évaluation au moment du chargement. Mais ces lois, faites pour le temps où le gouvernement exploitait par lui-même l'entreprise des messageries, ne peuvent plus être invoquées, aujourd'hui que le transport des voyageurs et des marchandises est rentré dans le domaine des entreprises commerciales ; et en l'absence de preuves, les juges peuvent admettre le propriétaire des objets perdus au serment *in litem.*, Toullier, t. 10, n° 447. Dalloz, t. 10, p. 794, n° 5.

Les entrepreneurs ou directeurs de voitures publiques, de même que les logeurs, hôteliers et aubergistes, sont toujours civilement responsables des faits de leurs préposés, et notamment des dommages ou avaries causés par leur négligence ou leur imprévoyance.

Quels sont la nature, le caractère et les conséquences de cette responsabilité? L'examen de ces diverses questions nous entraînerait beaucoup plus loin que les bornes d'un commentaire sur une loi de compétence; nous nous contenterons donc de renvoyer aux auteurs qui ont traité cette matière épineuse. Voir notamment Toullier, t. 11, n° 118 et suiv.; Duranton, t. 13, n° 698 et suiv.; Proudhon, n°

1481; Roll, n° 6 et suiv. Voir aussi le Code civil art. 1382 et suiv., et le Répertoire de la science des juges de paix. *V° Responsabilité.*

Nous sentons cependant la nécessité d'ajouter quelques explications sur une question qui ne peut manquer d'être souvent élevée devant la juridiction des justices de paix sous l'empire de la loi nouvelle. Voici cette question :

En cas de perte ou d'avarie des effets accompagnant un voyageur, devant quel juge de paix devra être portée l'action que ce dernier aura à exercer contre les entrepreneurs des voitures ayant des bureaux dans différentes villes ; sera-ce devant celui du bureau de partance, celui du lieu du sinistre ou celui du lieu d'arrivée ?

Aux termes de l'article 59 du C. de pr. civ., le défendeur doit toujours être actionné en matière personnelle devant le tribunal de son domicile, quand ce domicile est connu, et en matière de société, tant qu'elle existe, devant le juge du lieu où elle est établie ; or, notre Code civil (art. 2) a consacré formellement chez nous, et à la différence du droit romain (L. 6, § 2, *ad municipalem*), le principe de l'unité du domicile qui aujourd'hui se trouve être pour tout Français celui du lieu de son *principal établissement* (C. civ., art. 102) ; par conséquent et d'après les règles du droit commun, c'est devant le juge du lieu de son administration centrale, où se trouvent ses principaux employés, son matériel, sa résidence ordinaire, où il exerce ses droits civils et politiques, qu'un entrepreneur de voitures publiques devra être actionné. Mais la loi nouvelle contient-elle quelque disposition dont on puisse arguer pour établir dans l'espèce une dérogation au droit commun ? Nous ne le croyons pas. Au contraire, si l'on se reporte aux discours de présentation du projet de loi, à ceux des rapporteurs des commissions qui l'ont examinée et aux analyses des discussions, que nous avons données plus haut, on verra que sur cet article 2 notamment, la pensée générale a été qu'il ne fallait pas s'écarter des règles ordinaires, et que d'ailleurs, à l'occasion d'une loi qui s'occupe de la compétence à raison de la matière, il fallait bien se garder d'entrer dans de nouveaux réglemens de juridiction ; on sent du reste quelle perturbation on jetterait dans des services en quelque sorte publics, si l'on autorisait ainsi chaque voyageur à traîner un entrepreneur de voitures à la remorque de ses caprices ou de ses exigences devant vingt tribunaux différens et quelquefois fort éloignés les uns des autres. Dans la commission de la chambre des députés (session de 1837), on avait proposé, comme nous l'avons déjà dit ci-dessus, p. 67, en ce qui concerne les hôteliers, d'attribuer juridiction au juge du lieu où la dépense avait été faite; et cette innovation, malgré ce qu'elle aurait eu évidemment d'utile et de favorable, fut cependant rejetée ; à plus forte raison ne doit-on pas admettre aujourd'hui celle que nous combattons, puisque sans avoir aucun des avantages de la première, elle présenterait de bien plus graves inconvéniens.

Le juge de paix a-t-il qualité pour nommer les experts chargés de vérifier l'état des marchandises qu'un destinataire refuse de recevoir du voiturier? V. *Ann.*, t. 2, p. 175 et 197.

ARTICLE TROIS.

Les juges de paix connaissent , sans appel , jusqu'à la valeur de 100 fr. , et, à charge d'appel, à quelque valeur que la demande puisse s'élever ;

Des actions en paiement de loyers ou fermages, des congés, des demandes en résiliation de baux, fondées sur le seul défaut de paiement des loyers ou fermages ; des expulsions de lieux et des demandes en validité de saisie-gagerie ; le tout lorsque les locations verbales ou par écrit n'excèdent pas annuellement , à Paris , 400 fr., et 200 fr. partout ailleurs.

Si le prix principal du bail consiste en denrées ou prestations en nature, appréciables d'après les mercuriales , l'évaluation sera faite sur celles du jour de l'échéance , lorsqu'il s'agira du paiement des fermages. Dans tous les autres cas , elle aura lieu suivant les mercuriales du mois qui aura précédé la demande. Si le prix principal du bail consiste en prestations non appréciables d'après les mercuriales, ou s'il s'agit de baux à colons partiaires , le juge de paix déterminera la compétence, en prenant pour base du revenu de la propriété le principal de la contribution foncière de l'année courante, multiplié par cinq.

Cet article contient une heureuse innovation l'ancien état de choses , il nous semble destiné à mettre un terme à des abus intolérables. Les formes indiquées par le Code de procédure pour arriver au paiement des loyers et à l'expulsion des locataires qui refusaient de les payer, était une cause de ruine pour les petits propriétaires ; il favorisait la mauvaise foi en mettant souvent le bailleur dans la nécessité de capituler avec les prétentions exhorbitantes d'un locataire insolvable, qui spéculait sur les frais que devait coûter son expulsion; ils accablaient au contraire le locataire honnête et malheureux, parce qu'ils venaient souvent doubler la somme due pour le paiement des loyers; aussi avait-on cherché à remédier à ces graves inconvéniens, en transportant devant la juridiction des référés , pour être jugées au provisoire, comme *affaires urgentes*, la plupart des contestations de cette nature. L'article 3 de la nouvelle loi, en régularisant une manière de procéder prompte et peu coûteuse, est donc une amélioration incontestable.

Nous regrettons seulement que nos Chambres ne l'aient pas complétée en adoptant l'amendement proposé par M. Fulchiron et dont nous parlerons tout à l'heure.

La jurisprudence avait aussi de son côté cherché à faire disparaître les abus que nous venons de rappeler, en transportant devant la juridiction de paix la connaissance des matières que régit aujourd'hui l'article dont nous nous occupons. On avait décidé, qu'un propriétaire peut exercer la complainte contre le fermier de son propre domaine, qui prétend continuer malgré lui, à titre de bail, une jouissance dont le titre était résolu. Cass., 6 frimaire an 4; Merlin, *Répertoire.* V°. *Complainte.* V. aussi *Ann.*, t. 4, p. 276.

On se fondait encore pour donner cette attribution aux magistrats de paix, sur l'art. 68 , § 2 de la loi du 22 frimaire an 7, qui fixe la taxe à percevoir sur ceux de leurs jugemens portant validité de congés, expulsions, etc.

On avait soutenu aussi, que lorsqu'un congé n'avait pas été donné et accepté par un acte synallagmatique, la partie qui voulait donner congé devait le faire signifier à l'autre par le ministère d'un huissier, avec assignation à comparaître devant le juge de paix pour l'entendre reconnaître bon et valable. V. notamment Pailliet, *Droit français*, art. 1736 et 1775.

Mais ces diverses opinions nous semblent beaucoup trop absolues, même sous l'empire de l'ancienne législation, et en présence de la loi nouvelle , telle qu'elle a été entendue dans la discussion elles sont insoutenables; il est évident aujourd'hui que , pour que le juge de paix puisse connaître des congés, expulsions, etc., il faut qu'il ne s'agisse que de locations verbales ou par écrit, n'excédant pas annuellement 400 fr. à Paris, et partout ailleurs 200 fr.

Bien souvent on insère dans les baux une clause conçue à peu près ainsi : « Faute par le locataire de payer, aux échéances convenues, un ou plusieurs termes de loyer, et quinze jours après une mise en demeure judiciaire, le présent bail sera considéré comme résilié, et les loyers payés d'avance demeureront acquis au propriétaire à titre d'indemnité. » Or, ce cas échéant, la mise en demeure faite, la demande à fin de résiliation formée, mais avant l'obtention du jugement qui doit la prononcer, le locataire fait des offres réelles du montant des loyers par lui dus, et soutient que la clause étant comminatoire il ne doit pas être expulsé. Dans cette position, le juge de paix est-il compétent pour juger la question ? Non. Car il s'agit alors non plus d'une simple question de fait, la seule que la loi nouvelle ait voulu soumettre à la compétence du juge de paix, mais d'une véritable interprétation de conventions sur laquelle le tribunal de première instance a seul le droit de prononcer.

Toutefois nous ne pensons pas qu'il suffise à un locataire, pour décliner la juridiction de paix, d'alléguer purement et simplement qu'il existe telles ou telles conventions sur lesquelles il s'appuierait pour refuser le paiement de ses loyers ou fermages : car admettre ce système, ce serait ouvrir à la mauvaise foi une large voie pour retarder l'exécution des ordres de justice.

On sait qu'un bail cesse de plein droit à l'expiration du terme fixé, lorsqu'il a été fait par écrit, sans qu'il soit nécessaire de donner congé. C. civil, art. 1737.

On sait aussi que si, à l'expiration du bail, le preneur reste et est laissé en possession, il s'opère, par suite de la tacite reconduction, un nouveau bail dont l'effet doit être réglé conformément à ce qui est prescrit pour les locations faites sans écrit. C. civil, art. 1738.

Mais quelle est la durée d'un bail verbal ou sans écrit? Elle est fixée différemment, selon l'espèce des choses qui en sont l'objet. Les règles établies sur ce point sont contenues, d'après les auteurs et la jurisprudence, pour les maisons, dans les art. 1757, 1758 et 1759, et, pour les biens ruraux, dans les art. 1774, 1775 et 1776 du Code civil. Le bail sans écrit d'héritages ou biens ruraux cesse de plein droit à l'expiration du temps pour lequel il est censé fait, d'après la règle ci-dessus. Au contraire, le bail verbal d'une maison ou d'une portion de maison ne cesse pas de plein droit à la même époque; la résiliation doit toujours être précédée d'un congé donné dans les délais fixés par l'usage des lieux. C. civ., art. 1736 et 1775; Merlin, Répert., v° bail, § 4. Lyon, 4 sept. 1806, ib. Trèves, 27 mai 1808, s. 8, 2, 309. Turin, 21 juin 1810, s. 11, 2, 235. De Lonchampt, *Dict. des Justices de paix.*

Quoique généralement admise aujourd'hui, cette distinction entre le bail sans écrit d'un bien rural et celui d'une maison, quant à la manière dont ils finissent, n'est pas exempte de toute controverse, et un arrêt de la cour d'Agen, en date du 26 nov. 1822 (J. N., art. 4620), a décidé que le bailleur à colonage ou à moitié fruits doit donner congé au preneur dans les délais fixés par l'usage des lieux, si le bail était fait sans écrit. V. *Annales*, t. 3, p. 55.

Lors de la discussion de notre article à la Chambre des députés, MM. Fulchiron, Sauzet et plusieurs autres députés (V. *Mon.* des 14 et 15 avril 1837), proposèrent un amendement qui avait pour but de porter aussi à 400 fr. le taux de la compétence des juges de paix en ces matières dans la ville de Lyon. Cet amendement, comme nous l'avons déjà dit tout à l'heure, ne fut pas appuyé; reproduit par M. de Gasparin à la Chambre des pairs dans la séance du 5 fév. 1838 (V. *Mon.* du 6 février 1838), il fut combattu par M. le garde-des-sceaux et rejeté.

Malgré ce nouvel échec, il fut encore proposé à la Chambre des députés lorsque le projet de loi fut de nouveau soumis à son examen (V. *Mon.* du 24 avril 1828). M. Fulchiron demanda qu'on terminât ainsi le § 1er de cet article:

Le tout lorsque les locations verbales ou par écrit n'excéderont pas annuellement à Paris 400 fr., dans les villes où les frais de justice sont assimilés à ceux de Paris 300 fr., et partout ailleurs 200 fr.

«Dans beaucoup de localités, disait M. Fulchiron, et surtout dans certaines villes manufacturières, où la classe ouvrière travaille chez elle, les ouvriers ont des loyers qui vont généralement de 150 à 400 fr.

» En même temps les ouvriers qui ont un peu de mauvaise foi, il faut trancher le mot, et qui cherchent tous les moyens de ne pas payer leurs loyers, ces ouvriers s'appuient sur la difficulté qu'il y a à les évincer. On a voulu pourvoir à cet état de choses dans le projet de loi, et en cela je loue l'intention du ministère et de la commission ; mais je crois qu'on n'a pas pourvu suffisamment au mal dans certaines localités.

» 400 fr. pour Paris, c'est assez; 200 fr. pour la généralité de la France, c'est suffisant ; mais il y a des villes dont, par décret du 16 février 1807, les frais de justice sont assimilés à ceux de Paris. Eh bien ! il est évident que 200 fr. ne suffisent pas. Les frais de justice, sans compter la rémunération qu'il faut donner à l'avocat, sont de 182 fr. 50 c. Or, y a-t-il un propriétaire qui, pour évincer un locataire de mauvaise foi, voudra risquer de payer 182 fr. 50 c. pour faire annuler un loyer de 201 fr.?»

Malgré ces raisons, cet amendement fut encore rejeté.

Mais alors un autre membre, M. Taillandier, proposa, pour remédier aux graves inconvéniens signalés par M. Fulchiron, d'ajouter à l'article une disposition additionnelle dont voici les termes :

En cas d'expulsion après vente du mobilier, ou sur procès-verbal de carence, l'expulsion sera ordonnée par simple ordonnance rendue contradictoirement par le juge de paix ou parties dûment appelées. Cette ordonnance sera exécutée par provision, et même sur minute, comme en matière de référé.

Cet amendement ne fut pas appuyé; il ne mérite donc pas aujourd'hui grande attention. Mais il est très important de bien comprendre la discussion à laquelle il donna lieu, parce qu'elle doit aider à la solution de controverses qui ne peuvent manquer de s'élever souvent. Voici ce qui se passa :

« M. Taillandier développa son amendement.

« Ce que vient de proposer l'honorable préopinant, répondit M. le rapporteur, ne peut être adopté, car il introduit une disposition nouvelle dont les juges de paix n'ont pas besoin. Le juge de paix a le pouvoir de faire tout ce qu'on demande. Par cet amendement, la disposition que vous introduiriez serait contraire au principe de l'institution.

»Dans l'état actuel des choses, le référé est admis pour les tribunaux qui ont plusieurs juges. L'un d'eux prononce *par provision*, et plus tard le tribunal complet apprécie la décision et *juge au fond*.

»Vous feriez donc prononcer d'abord provisoirement *en référé* par le juge de paix, et ensuite définitivement *sur le fond*, mais vous entraîneriez nécessairement des longueurs et des frais, et ne remédieriez à aucun des inconvéniens qu'on a signalés. *Lorsqu'il s'agit d'une expulsion de lieux, lorsque les faits ne sont pas bien prouvés au juge de paix, laissez-lui les moyens d'accorder des délais, de faire ce qu'il croira convenable dans l'intérêt de la justice.*

»L'objet de l'amendement sera rempli, répliqua M. Debelleyme, s'il est bien entendu que cette disposition s'applique aux expulsions de lieux, soit après la vente du mobilier, soit sur le procès-verbal de carence.»

M. le rapporteur ayant déclaré alors, pour répondre à l'observation de M. Debelleyme, que la commission n'avait pas distingué et que cela s'appliquait à tous les cas, M. Taillandier retira sa proposition.

Le locataire ayant bail écrit a-t-il le droit, comme le locataire verbal, de jouir des jours de grace accordés par les usages locaux pour vider les lieux occupés? *V. Annales*, t. 2, p. 111.

Un autre amendement fut encore proposé sur cet article à la Chambre des députés, non plus pour augmenter la compétence des juges de paix, mais, au contraire, pour la restreindre. Il était ainsi conçu :

Néanmoins, les juges de paix cesseront d'être compétens pour statuer sur les articles ci-dessus, lorsque les arrérages du loyer ou de fermage excéderont 1,500 fr.»

Cet amendement donna lieu à un colloque entre l'auteur de la proposition, M. Martin (de l'Isère), M. le président Dupin aîné et M. Moreau (de la Seine), qu'il n'est peut-être pas inutile de rapporter ici. Le voici :

M. *le Président*. Cela détruirait le paragraphe qui est voté.

M. *Martin*. La chambre comprendra qu'il est important de poser une limite au delà de laquelle le juge de paix ne sera pas compétent, car voici ce qui arrivera : les arrérages de plusieurs années pourront être échus, et la masse de ces arrérages excédera la compétence des tribunaux de première instance en dernier ressort; les juges de première instance ne peuvent statuer en dernier ressort que jusqu'à concurrence de 1,500 fr. ; comment feront-ils dans ce cas?

M. *le Président*. Le juge d'appel est toujours souverain.

M. *Martin*. Il aurait fallu faire une exception pour ce cas.

M. *le Président*. En première instance on juge en dernier ressort jusqu'à 1,500 fr., mais quand le juge de première instance est juge d'appel, son caractère change, et c'est à ce caractère qu'est attribué le droit de juger au delà.

M. *Moreau (de la Seine)*. L'art. 3 commence ainsi : « Les juges de paix connaissent, sans appel, jusqu'à la valeur de 100 fr.,» puis, ensuite, le paragraphe 2 dit « qu'ils connaissent également sans appel des congés, demandes en résiliation de baux. »

M. *le Président*. C'est voté.

M. *Moreau*. Mais s'ils connaissent des résiliations de baux, ils pourront avoir à statuer sur des baux de neuf années, et, dès lors, ils connaîtront au-delà de 100 fr.

M. *le Président*. Je répète que c'est une chose votée, et je mets aux voix le troisième paragraphe de la commission.

Et la proposition de M. Martin (de l'Isère) fut rejetée.

Nous devons aussi rappeler ici les principales objections qui ont été faites contre l'extension de la juridiction des juges de paix en premier ressort à quelque valeur que la demande puisse s'élever. Elles sont à peu près toutes résumées dans un discours de M. Gaillard de Kerbertin prononcé à la chambre des députés dans la séance du 23 avril. *V. Mon.* du 24 avril 1838.

« J'aurais, disait l'honorable membre, conçu un système dans lequel le *dernier* ressort eût été fort étendu, et le premier peu ou même pas du tout. Celui-là, au moins, amènerait une véritable diminution de procédure et de frais. Mais le vôtre ne fera qu'empirer le mal. En vain vient-on, les statistiques à la main, nous dire que les décisions des juges de paix sont rarement attaquées : oui, sans doute, avec la compétence restreinte d'aujourd'hui ; oui, parce que le juge de paix, plutôt *arbitre* que juge, n'a à prononcer que sur des causes d'une faible importance ; mais quand les procès auront grandi, fiez-vous à l'intérêt personnel des plaideurs, et plus encore à l'excitation de leurs dangereux conseils, pour être sûrs que les décisions rendues par les juges de paix seront très souvent frappées d'appel.»Puis entrant dans une autre ordre d'idée, il ajoutait :

« Sans doute il est à désirer que le prétoire ne soit pas trop éloigné de celui qui est obligé d'y avoir recours, et c'est sous ce rapport qu'une organisation judiciaire, restreinte à un seul tribunal par chef-lieu de département, était une organisation vicieuse. Mais prenons garde de tomber dans l'inconvénient contraire.

» Il y a danger à ce que le juge soit trop à la portée du justiciable. Cette proximité du juge est une facilité donnée à l'entraînement d'un premier moment d'humeur. Quand le plaideur trouve en quelque sorte le juge sous sa main, il lance une assignation qu'il soutient ensuite par entêtement ou par amour-propre.

» Et la tâche du juge de paix est plus difficile quand il se trouve trop en contact avec les plaideurs ; son indépendance est moins absolue et son impartialité plus exposée aux soupçons.

» On veut diminuer les procès, on les multiplie ; on veut réduire les frais, on les augmente. On regarde comme un avantage de rapprocher le juge, et pour moi j'y vois du danger. »

On voit que ces objections et quelques autres que nous avons déjà fait connaître ne diffèrent guère de toutes celles qui ont été présentées dans les discours sur l'ensemble de la loi dont nous avons déjà donné l'analyse à la suite de l'art. 1er, et que les réponses qui y ont été faites peuvent également être victorieusement appliquées ici.

Le § 3 de cet article se servant de ces mots : *Prix principal*, il en résulte que pour la fixation de compétence il ne faut jamais avoir égard aux conditions et clauses accessoires, qu'elles soient ou non appréciables en argent. Le *sou pour livre* par exemple, qui, dans beaucoup de localités se paie en sus du prix pour les frais d'éclairage, de portier, etc., ne fait pas partie de ce prix principal.

Quand il y aura lieu, pour fixer le prix du bail, de recourir aux mercuriales du mois qui aura précédé la demande, ne devrat-on pas prendre la moyenne de ces mercuriales pour régulateur ? la loi ne le dit pas expressément, mais la logique et le bon sens indiquent qu'on ne saurait proposer sérieusement de faire autrement. Il est bien entendu aussi que les mercuriales dont parle notre article sont, quand il n'y pas de marché dans la localité, celles du marché le plus voisin. V. C. de pr. art. 129.

Nous ne pensons pas devoir terminer nos observations sur cet article sans rappeler que les actions dont il parle doivent toujours être portées devant le juge de la situation de l'immeuble, et qu'il ne s'applique en aucune manière aux *Baux à cheptel*.

Nous ajouterons enfin qu'il ne doit être appliqué qu'avec beaucoup de retenue par les juges de paix, et qu'ils doivent se garder de s'en servir pour arriver à soumettre à leur décision les appréciations de celui de nos contrats qui est peut-être le plus usuel, et sous la protection duquel vit la majeure partie de la population. C'est lui, disait la Cour suprême, « qui constitue le domicile, le foyer de famille, et un jugement qui enlève à une famille le domicile où elle exerce l'industrie qui la fait vivre, est une chose digne de toute la sollicitude du législateur, et qui ne doit qu'avec prudence être abandonnée à la seule garantie d'un juge unique. » *V.* Opinions de la Cour suprême sur le projet de 1835. *Annales*, t. 2, p. 321.

Pour ce qui est relatif à la procédure de saisie-gagerie, V. *Commentaire sur l'art.* 10 *ci-après.*

ARTICLE QUATRE.

Les juges de paix connaissent, sans appel, jusqu'à la valeur de 100 fr., et, à charge d'appel, jusqu'au taux de la compétence en dernier ressort des tribunaux de première instance ;

1° Des indemnités réclamées par le locataire ou fermier pour non-jouissance provenant du fait du propriétaire, lorsque le droit à une indemnité n'est pas contesté ;

2° Des dégradations et pertes, dans les cas prévus par les art. 1732 et 1735 du Code civil (1).

Néanmoins, le juge de paix ne connaît des pertes causées par incendie ou inondation que dans les limites posées par l'art. 1er de la présente loi.

Le § 2 de cet article formait le 5e § de l'article 5 du projet de loi voté par la chambre des députés ; il en a été distrait lors de la discussion de la loi à la chambre des pairs sur une observation qui fut faite par M. le vicomte Dubouchage.

« Si l'on décide, disait-il (V. *Mon.* du 25 juin 1837), que les contestations naissant des réparations locatives mises à la charge des locataires peuvent être jugées sans appel jusqu'à la concurrence de 100 fr., il me paraît juste que les réclamations formées par le locataire ou fermier, pour non jouissance provenant du

---

(1) « Le preneur répond des dégradations ou des pertes qui arrivent pendant sa jouissance, à moins qu'il ne trouve qu'elles ont eu lieu sans sa faute. (C. civ., 1732). Il est tenu des dégradations et des pertes qui arrivent par le fait des personnes de la maison ou de ses sous-locataires. C. civ. 1735 »

fait du propriétaire, soient aussi jugées sans appel jusqu'à la valeur de 100 fr. S'il y a des fermiers ou locataires de mauvaise foi, il peut aussi y avoir des propriétaires de mauvaise foi. Il faut donc donner aux uns et aux autres la facilité d'un jugement prompt et sans appel lorsque la somme n'excédera pas 100 fr. »

Dans la séance du 6 février 1838, M. Daunant demanda que cet article fût réuni à l'art. 2 dont le 1ᵉʳ § aurait été ainsi commun à tous deux.

Cette réunion ne fut pas ordonnée sur l'observation faite par MM. Girod (de l'Ain) et Dubouchage, que l'art. 2 ainsi conçu serait trop long et entraînerait beaucoup de confusion.

M. Jobard avait demandé ensuite à la Chambre des députés, séance du 24 avril 1838 (*Mon.* du 25.) que les deux §§ de cet article fussent réunis à l'art. 3, de manière à ce que les juges de paix pussent statuer en dernier ressort sur les matières qu'ils ont pour but de régler à quelque valeur que la demande puisse s'élever.

» La loi de 1790, disait-il à l'appui de sa proposition, soumet au même taux de compétence toutes les difficultés relatives aux matières que je viens de rappeler ; elle veut que le juge de paix prononce sur toutes, quelle que soit la valeur de la contestation.

» Le projet que nous discutons au contraire établit la distinction suivante.

» Il n'attribue aux juges de paix que jusqu'à concurrence de la compétence des tribunaux de première instance, c'est-à-dire jusqu'à 1,500 fr. le jugement des indemnités réclamées par les locataires ou fermiers, et des dégradations et pertes alléguées par le propriétaire ; mais il maintient la loi de 1790 en ce qui concerne les réparations locatives des maisons et fermes. Les procès relatifs à ce dernier objet continueront d'être soumis au juge de paix, à quelque valeur que la demande puisse monter. C'est, messieurs, sur cette innovation que je me propose de présenter quelques courtes réflexions à la chambre.

» La loi de 1790 s'exécute depuis plus de quarante ans, et je ne sache pas que cette longue expérience ait révélé des abus auxquels il conviendrait d'apporter remède. Le gouvernement lui-même a reconnu la sagesse de ses dispositions sur ce point ; car, par son projet primitif, il demandait qu'on maintînt purement et simplement la loi de 1790, et la chambre des députés avait donné son assentiment complet à cette proposition. Si ces simples observations ne rendaient pas inutile l'examen de la loi de 1790, de son mérite intrinsèque, de son utilité, je pourrais faire observer que les attributions qu'elle conférait au juge de paix, illimitées par la loi, étaient limitées par leur nature même ; qu'elles embrassaient le plus souvent des contestations de peu d'importance ; qu'en matière d'indemnités pour non jouissance réclamées par le fermier, le débat sur le fond même du droit restait toujours étranger au juge de paix ; qu'il ne s'agissait pour ce ma-

gistrat, relativement à cet objet, comme aux dégradations et pertes que d'une question de fait, d'une appréciation vidée ordinairement par les experts plutôt que par le juge lui-même.

« Voici , selon moi, le vice de la distinction qu'on veut établir ; voici l'inconvénient grave que présente le système que nous soumet aujourd'hui le gouvernement. Lorsqu'il s'agira d'indemnités pour non jouissance , de dégradations ou pertes , elles seront portées devant le juge de paix, qui ne pourra juger que jusqu'à 1,500 fr. Eh bien ! vous fournissez un élément à l'esprit de chicane, vous donnez à un plaideur de mauvaise foi les moyens d'enlever à la juridiction des juges de paix la connaissance de la plupart de ces contestations. Il lui suffira, en effet, de conclure à une indemnité plus élevée que celle qui peut être jugée par les juges de paix, ou simplement de demander une indemnité à *régler par experts.* La demande formulée de cette manière rend le juge de paix incompétent. Vous allez ainsi ôter à la juridiction sommaire ces contestations, en général fort peu importantes, et pour lesquelles elle est surtout convenable. C'est là une inconvénient grave, et qui peut avoir de fâcheuses conséquences. La disposition qu'on nous propose me paraît avoir été inspirée par un sentiment de prudence exagérée. En vue de quelques rares hypothèses, où des intérêts fort graves pourraient s'agiter devant le juge de paix, et qui auraient au surplus la garantie de l'appel, on offre à l'homme de mauvaise foi l'occasion d'éluder la compétence du juge de paix , et de porter devant la juridiction ordinaire des contestations sans importance. La loi de 1790 n'a, je le répète, fait naître aucun abus ; il n'existe donc pas de suffisans motifs d'innover. »

« Pour ce qui est relatif aux réparations locatives, répondit M. le rapporteur, il n'y a aucun inconvénient à laisser la compétence telle qu'elle était fixée par la loi de 1790. Déjà le bail a commencé ; il y a un fait acquis et qui sert de point de départ ; il ne s'agit que de réparations de pur entretien extrêmement minimes ; mais, pour l'indemnité , la somme réclamée peut être considérable, quelquefois même le bail n'a pas commencé réellement. Le juge est sans aucune base , et s'il y a une demande d'indemnité pour non jouissance , cette demande doit être portée devant le tribunal de première instance. »

Et le changement proposé ne fut pas adopté. Voici, au reste, le texte de l'art. 10, n° 4, de la loi de 1790, que remplace aujourd'hui l'art. 4:

« Le juge de paix connaîtra, sans appel, jusqu'à la valeur de 50 livres, et, à charge d'appel à quelque valeur que la demande puisse monter, des indemnités prétendues par le fermier ou locataire pour non jouissance, lorsque le droit à l'indemnité ne serait pas contesté, et des dégradations alléguées par le propriétaire »

Cette disposition était selon nous beaucoup plus sage que celle de la loi du 25 mai, puisqu'elle attribuait au juge de paix la connaissance de toutes les dégradations commises par le fermier au préjudice du propriétaire et remplissait ainsi complètement le but que la loi nouvelle n'atteindra pas toujours.

Pour que le droit à l'indemnité soit contesté, suffit-il que le propriétaire auquel son locataire ou fermier demande une indemnité pour non jouissance, réponde purement et simplement qu'il nie le trouble ou bien qu'il ne doit pas d'indemnité? Nous ne le croyons pas : car alors le propriétaire serait toujours le maître d'éluder la juridiction du juge de paix. Ce juge ne devient incompétent qu'alors qu'il s'agit de discuter les clauses du bail sur lesquelles s'appuie le locataire pour réclamer cette indemnité, car ce n'est qu'alors que s'élève la question d'interprétation d'acte, la seule que la loi ait voulu ne pas soumettre à la compétence des juges de paix. Avant la loi de 1838, la solution que nous donnons avait soulevé quelques objections, mais elles ne sont plus soutenables aujourd'hui en présence de la discussion qui a eu lieu dans les chambres à l'occasion de cette loi.

Voici les principaux arrêts rendus à l'occasion du § 4 de la loi de 1790 par la cour de cassation.

Le juge de paix est incompétent pour statuer sur la demande d'indemnité d'un fermier contre le propriétaire, lorsque ce dernier, tiers acquéreur de l'immeuble, soutient que son contrat doit être préféré au bail. Cass., 5 pluviose an 11; D., A., 3, 292.

Le juge de paix est incompétent pour connaître de l'action intentée contre le fermier pour divertissement de foins, pailles et engrais, et ensemencement de terres sans fumier : ces faits ne constituent pas des dégradations dans le sens de l'art. 10, tit. 3 de la loi du 24 août 1990, et de l'art. 3, Code de procédure civile. Cass., 29 mars 1820; D., A., 3, 292.

La compétence du juge de paix, limitée au cas où le fond du droit n'est pas contesté lorsqu'il s'agit de l'indemnité réclamée par le fermier pour non jouissance, est illimitée pour l'indemnité que réclame le propriétaire contre ce dernier pour dégradations. Cass., 1er ventose an 6.

Mais le juge de paix ne peut point connaître d'une demande en réparation de dégradations alléguées par un propriétaire contre un usufruitier ou ses héritiers. Cass., 10 janvier 1810; D., A., 3, 293.

Appartient-il au juge de paix de connaître des indemnités réclamées pour cause de dégradations, non par le propriétaire, mais par un locataire ou fermier principal contre un sous-locataire? Carré, t. 2, p. 384, pense que le fermier principal est sans intérêt pour agir tant que le propriétaire ne se plaint pas, et qu'il doit attendre qu'il soit attaqué par ce dernier. Mais ce retard ne peut-il pas avoir pour effet de rendre son recours illusoire? N'est-il pas d'ailleurs subrogé aux actions du propriétaire en ce qui concerne la jouissance des biens affermés?

Doit-on, d'après les termes de cet article, attribuer au juge de paix la connaissance des contestations entre les sous-locataires et les locataires principaux, et réciproquement? Sur cette question, nous n'hésitons pas non plus à adopter l'affirmative, les mêmes raisons subsistant dans les deux espèces.

En vain dirait-on qu'il s'agit ici d'une juridiction exceptionnelle qui ne doit jamais aller au delà de ce qui est permis, et que si le législateur avait entendu attribuer cette juridiction au juge de paix, il se serait plus clairement expliqué : nous répondrions que, de même que les conventions, les lois d'attribution doivent être entendues raisonnablement et non pas littéralement, et que nos lois civiles, ayant toujours assimilé le principal locataire au propriétaire, dans ses rapports avec ses sous-locataires, il n'y a pas de raisons pour créer une distinction que rien n'indique et qui pourrait avoir d'immenses inconvéniens.

En résumé, et pour en finir, nous dirons que, sur les divers points qu'il régit, l'art 4 de la loi nouvelle n'ayant fait que consacrer les dispositions correspondantes de la loi des 16-24 août 1790, les nombreux arrêts rendus sur la matière devront encore servir de jalons pour guider les juges de paix dans les contestations qui se présenteront devant eux à cet égard.

ARTICLE CINQ.

Les juges de paix, connaissent, sans appel, jusqu'à la valeur de 100 fr., et également, à charge d'appel, à quelque valeur que la demande quisse s'élever;

1° Des actions pour dommages faits aux champs, fruits et récoltes, soit par l'homme, soit par les animaux, et de celles relatives à l'élagage des arbres ou haies, et au curage, soit des fossés, soit des canaux servant à l'irrigation des propriétés ou au mouvement des usines, lorsque les droits de propriété ou de servitude ne sont pas contestés;

2° Des réparations locatives des maisons ou fermes, mises par la loi à la charge du locataire ;

3° Des contestations relatives aux engagemens respectifs des gens de travail au jour, au mois et à l'année, et de ceux qui les emploient ; des maîtres et des domestiques ou gens de service à gages ; des maîtres et de leurs ouvriers ou apprentis, sans néanmoins qu'il soit dérogé aux lois et réglemens relatifs à la juridiction des prud'hommes.

4° Des contestations relatives au paiement des nourrices, sauf ce qui est prescrit par les lois et réglemens d'administration publique à l'égard des bureaux de nourrices de la ville de Paris et de toutes les autres villes ;

5° Des actions civiles pour diffamation verbale et pour injures publiques et non publiques, verbales ou par écrit, autrement que par la voie de la presse ; des mêmes actions pour rixes ou voies de fait ; le tout lorsque les parties ne se sont pas pourvues par la voie criminelle.

Cet article, sauf l'augmentation dans le chiffre de la compétence, n'est que la reproduction des §§ correspondans de la loi de 1790. Nous ferons remarquer cependant les différences qui existent entre ces lois en examinant séparément chacun des §§ de cet article.

Tout autre dommage que celui causé par les hommes ou les animaux aux champs, fruits et récoltes, rentre dans la compétence des tribunaux ordinaires. Mais le juge de paix est compétent pour statuer sur une question de dommages causés aux champs, non seulement lorsqu'il s'agit de constater l'existence et la quotité d'un dommage causé par le fait immédiat et nuisible d'un homme ou d'un animal ; mais encore lorsqu'il s'agit de décider si ce dommage est un tort ; s'il est la violation du droit de la partie endommagée, ou le simple exercice d'un droit de propriété appartenant à l'auteur du dommage ; et d'après les termes du § 1er de notre article on doit conclure, de même que sous l'empire de la loi de 1790, que le juge de paix est compétent pour statuer lorsqu'un propriétaire riverain, en tenant ses écluses fermées en temps d'orage, inonde les champs du voisin. Cass. 18 nov. 1817 et 26 juillet 1813.

Toutefois le juge de paix ne pourrait statuer en premier ressort sur une action pour dommages causés par des bestiaux, si la quotité des dommages n'avait pas été déterminée par la partie. 21 pluviose an 10. Dalloz t. 3, p. 284.

Vaudoré, Droit rural t. 2, p. 174, fait ainsi l'énumération des dommages de la compétence des juges de paix :

1° Les reprises de terres que se permettent les laboureurs pour établir l'alignement de leurs pièces en labour ;

2° La destruction de quelques parties de grains, causée par les pieds des chevaux, ou avec des instrumens aratoires ;

3° Les plaies faites aux arbres ou arbustes, par imprudence ou autrement ;

4° Les brèches faites à des clôtures, les comblemens de fossés ;

5° Les renversemens de clôtures ;

6° Les dégâts causés aux guérets, par le passage des voitures pour exploiter d'autres héritages ou autrement ;

7° La dégradation des digues d'une rivière, causée par des bois ou autres objets déposés dans son lit, de manière à en faire deverser les eaux sur les terres voisines ;

8° Les dommages occasionés, soit par l'égoût ou l'ombrage des branches s'avançant sur le voisin, sans titre ni destination du père de famille ; soit par l'ombrage d'une haie dont la taille n'a point eu lieu à l'époque ou à la hauteur prescrite, par exemple, par le réglement de 1751, sur les plantations ;

9° Les inondations causées à des héritages par l'élévation des déversoirs ou écluses tenues trop haut pendant les orages ;

10° Les dommages causés à des forêts par les hommes ou les animaux en y frayant des sentiers ou passages ;

11° Les dégâts commis dans les parties de chasse ou de pèche ;

12° Les dégradations causées à des héritages par des troupeaux ;

13° Les préjudices causés par suite, soit de pacage exercé au mépris des lois ou réglemens sur le parcours et la vaine pâture, soit de chaumage, râtelage ou grapillage.

Nous n'avons pas besoin de dire que cette énumération n'est que démonstrative et non pas limitative.

Le juge de paix est compétent pour connaitre du dommage causé aux récoltes, non-seulement lorsque ce dommage résulte immédiatement du seul fait de l'homme, mais encore lorsque le fait de l'homme n'en est que la cause médiate. Cass. 18 novembre 1817 et 19 juillet 1836.

Mais il cesse d'être compétent quand le dommage, au lieu de résulter d'un délit ou quasi délit, se rapporte à un fait fondé sur le droit de propriété. Cass. 21 pluviose an 10 et 29 déc. 1830. Dalloz t. 5, p. 284, et t. 31, p. 178.

Celui dont les propriétés sont ravagées par les lapins qui peuplent une garenne voisine, a-t-il action contre le propriétaire de cette garenne pour obtenir réparation du dommage qu'il éprouve ? Quelle est la nature de cette action ? V. *Annales*, t. 1er p. 149.

Le juge de paix peut-il statuer en dernier ressort toutes les fois que les dommages réclamés n'excèdent pas 100 fr. et quelle que soit d'ailleurs la valeur de la possession réclamée ?

La jurisprudence semblait fixée pour l'affirmative par une longue suite d'arrêts; mais le système contraire a postérieurement été établi par un arrêt de la Cour de cassation rendu en sections réunies. Par cet arrêt il a été décidé que la demande (il s'agissait d'une action possessoire, mais le principe est le même en ce qui concerne les actions pour dommages faits aux champs, fruits et récoltes) dans laquelle on ne réclame que 50 fr. (aujourd'hui 100 fr.) de dommages et intérêts, ne peut être jugée en dernier ressort, lorsque la valeur de la possession réclamée jointe aux dommages-intérêts, excède 50 fr., ou lorsque cette valeur est indéterminée. Cass. 22 mai 1822, S. 22. 1. 175.

La Cour de cassation a persévéré dans cette jurisprudence. V. arrêts des 15 déc. 1824, 11 avril 1825, 5 mars 1828, et 31 juill. 1828. S. t. 25, 1. 215, t. 26, 1. 144, t. 27, 1. 391, t. 28, 1, 355 et t. 29, 161; D, t. 28, 1. 163, t. 29, 1.

Nous ferons observer ici ce qu'on oublie quelquefois, qu'à la différence de l'action possessoire dont nous parlerons tout à l'heure, l'action pour dommage aux champs n'a pas besoin, pour être admise, d'être intentée dans l'année.

Ces dommages et intérêts donnent droit à la partie lésée d'intenter *à son choix* deux sortes d'actions; l'une civile devant la justice de paix, l'autre criminelle, qui, suivant le genre du délit, doit être portée devant le tribunal de simple police, ou devant le tribunal de police correctionnelle.

Mais la partie lésée ne peut exercer concurremment les deux actions, civile et criminelle, qui, à son égard, tendent au même but, c'est-à-dire à la réparation du dommage qui lui a été causé; il lui suffit d'exercer l'une des deux.

La partie lésée poursuivant son action par la voie civile, et renonçant entièrement à exercer celle criminelle, le ministère public serait-il recevable à poursuivre l'action publique ?

Une loi du 5 vendémiaire an 3 le décide affirmativement, et le Code d'instruction criminelle consacre cette maxime d'une manière qui s'applique aux simples délits comme aux crimes qualifiés.

Les maris sont-ils civilement responsables, sur les biens de la communauté, des dommages que leurs femmes auraient occasionés. V. *Ann.*, t. 1er, p. 261.

Lorsque, dans la session de 1838, le projet de loi fut reporté de la Chambre des pairs à la chambre des députés, M. Portalis proposa d'ajouter au § 1er de cet article 5 une nouvelle disposition ainsi conçue :

1° *Des contestations entre les cultivateurs et les marchands, à l'occasion de la vente de denrées.*

Si on lit avec soin les raisons données par les orateurs qui ont combattu et fait rejeter cet amendement, on y trouvera la preuve, et ceci est très important pour la solution d'une foule de questions, que le juge de paix est radicalement incompétent pour statuer sur les affaires qui ont un caractère commercial.

L'auteur de l'amendement disait : « Voici ce qui se passe dans nos campagnes : Le cultivateur vend à un marchand ; le marchand est quelquefois de mauvaise foi, il a promis un prix, et il ne veut pas le donner ; que fera le cultivateur ? Si la différence est grande, il poursuivra sans doute le marchand devant le tribunal de commerce de l'arrondissement ; mais si la différence est minime, s'il s'agit de quelques centimes par hectolitres, évidemment il ne voudra pas payer les frais que nécessiterait la poursuite du marchand devant le tribunal de commerce : C'est pourquoi je vous demande que le juge de paix soit saisi de cette contestation, qu'il puisse décider jusqu'à 100 fr. sans appel, et à charge d'appel jusqu'au taux de la compétence des tribunaux de première instance et de commerce.

» Je ne vois pas quelle objection raisonnable on peut faire à ce paragraphe ; car il est dans l'intention évidente du législateur, c'est un article évidemment omis.

» On me dit que c'est ici une affaire commerciale ; j'en conviens, mais il n'y a pas de danger à l'occasion de procès de peu d'importance. »

« Mais l'article de M. Portalis, ajouta M. Tesnière, bien qu'applicable seulement aux cultivateurs et aux marchands, aura pour objet d'établir que le juge de paix peut statuer sur des matières commerciales. La commission a examiné cette disposition, elle a discuté le principe; elle n'a pas voulu le consacrer. »

Cette question fut aussi examinée par la Chambre des pairs. Et le principe qu'on avait le dessein d'introduire dans la loi a été rejeté par un motif unique, et le voici : c'est que ce serait intervertir l'ordre des juridictions. En donnant aux juges de paix la connaissance d'affaires qui appartiennent aux tribunaux spéciaux de commerce, ce serait dépouiller les Cours royales du droit de statuer en seconde juridiction sur une grande partie des affaires commerciales. Si on accordait aux juges de paix le droit de statuer sur les matières commerciales, il en résulterait que ces magistrats pourraient, dans les limites de leur compétence, et souvent en dernier ressort, prononcer sur des matières commerciales ; tandis que, d'après la législation actuelle, le tribunal de première instance, lorsqu'il juge commercialement, ne connaît des affaires commerciales qu'à la charge d'appel. Ainsi, le droit de statuer en premier ressort appartiendrait aux juges de paix, et l'appel serait porté en première instance, et dès lors la Cour royale serait privée de la connaissance de ces sortes d'affaires; ce serait, je le répète, intervertir l'ordre des juridictions. L'amendement de M. Portalis se présente sans doute avec faveur ; cependant il ne faut pas sortir du principe, sous peine de porter la perturbation dans notre législation. N'oublions pas que les juridictions sont de droit étroit, qu'elles sont d'ordre public. Les matières commerciales sont soumises à une juridiction spéciale, à un tribunal d'attribution; d'un autre côté, les attributions des justices de paix sont également spéciales, et l'on ne comprendrait pas que l'on accordât à cette juridiction toute particulière le jugement des affaires que la loi a sagement conférées aux tribunaux ordinaires. En principe, on ne sort du droit exceptionnel que pour rentrer dans le droit commun : c'est ce que vous ne ferez pas si vous adoptez l'amendement.

« On a fait une distinction, disait M. le garde-des-sceaux, que si la matière était commerciale d'une manière absolue, il ne faudrait pas la porter devant le juge de paix ; mais qu'ici elle n'était commerciale que par rapport à l'acqué-reur ; cela suffit: l'affaire a un caractère commercial, et à ce caractère se trouve attaché un privilége de droit qu'il ne faut pas perdre de vue. Ainsi, par exemple, en conservant à l'af-faire son caractère commercial, la preuve peut se faire par témoins, par l'exhibition des livres ; vous ne pouvez enlever aux tribunaux de com-merce ces affaires qui leur appartiennent, et vous devez écarter l'amendement.»

Cet amendement ainsi combattu, soutenu en-suite par M. l'Herbette et sous-amendé par M. Lescot de Millandrie, fut rejeté à une très forte majorité.

Passons au deuxième paragraphe. — Les ré-parations locatives ou de menu entretien dont le locataire est tenu sont celles désignées com-me telles par l'usage des lieux, et entre autres les réparations à faire, aux âtres, contre-murs, chambranles et tablettes de cheminées ; au re-crépiment du bas des murailles des apparte-mens et autres lieux d'habitations, à la hauteur d'un mètre ; aux pavés et carreaux des cham-bres, lorsqu'il y en a seulement quelques-uns de cassés; aux vitres, à moins qu'elles ne soient cassées par la grêle ou autres accidens extraor-dinaires et de force majeure dont le locataire n'est pas tenu ; aux portes, croisées, planches de cloison ou de fermeture de boutique, gonds, targettes et serrures. C. civ., art. 1754.

Le paragraphe correspondant de la loi de 1790 ne contenait que ces mots : « des répa-rations locatives des maisons et fermes. »

La rédaction nouvelle est plus explicative, mais non plus étendue. Ainsi, aujourd'hui comme avant la loi de 1838, le juge de paix n'est pas compétent pour statuer sur les contes-tations qui s'élèvent entre un propriétaire et son fermier, au sujet des réparations, autres que celles que nous venons d'indiquer, aux-quelles ce dernier se serait expressément obligé *par son bail.*

Ainsi, encore, dans un cas semblable, l'action dirigée par le propriétaire contre son fermier n'est une action personnelle de la compétence du juge de paix, qu'autant toutefois que l'objet de la réclamation ne s'élève pas au-dessus du taux fixé par l'art. 1er, quant aux actions personnelles ou mobilières.

Aujourd'hui aussi, comme auparavant, la loi attribue à ce magistrat la connaissance de toute action pour réparations locatives, sans exami-ner si le fond du droit est ou non en litige.

Dans les termes de ce paragraphe : *maisons ou fermes*, doit-on comprendre les moulins, les usines, etc. ? Cela n'a jamais fait de doute, même sous l'ancienne loi. Et celle du 25 mai n'ayant eu pour but que d'étendre le cercle d'attribution tracé en 1790, il n'y a pas de rai-sons pour le restreindre dans l'application, lorsque d'ailleurs dans le langage usuel, ces mots *maisons et fermes*, dont se sert la loi, sont des termes génériques qui doivent comprendre tous les lieux d'habitation ou d'ex-ploitation, sans distinction de nom ou d'usage.

Il s'est élevé de nombreuses discussions sur le point de savoir quel était le temps nécessaire pour que cette action en réparations locatives fût prescrite.

Selon les uns (par arg. de l'art. 2277 du Code civil) elle ne dure que 5 ans, à partir de la sortie du locataire ou du fermier; selon les autres (par arg. de l'art. 2262 du C. civ.) elle peut être exercée pendant 30 ans. Nous serions plus disposés à adopter l'opinion de M. Carré; suivant lui (par arg. de l'art. 1731) cette action est prescrite par une année si le propriétaire n'a pas fait dresser, à la sortie du locataire, un état des lieux, et par 5 ans, si cet état a été dressé.

Le § 3 tranche bien des difficultés, fait ces-ser bien des controverses soulevées à l'occasion du § 5 de l'art. 10 de la loi de 1790, dont voici les termes :

« *Les juges de paix connaissent du paie-ment des salaires des gens de travail, des gages des domestiques et de l'exécution des engagemens respectifs des maitres et de leurs domestiques ou gens de travail. »*

Qu'entend-on par gens de travail ? Ceux dont l'engagement peut commencer et finir dans la *même journée*, répondait-on sous l'em-pire de la loi de 1790 ; et cette définition, après de longues controverses, était à peu près géné-ralement admise et laissait en dehors de la compétence du magistrat de paix une foule de cas sur lesquels il devra statuer aujour-d'hui.

Ne doit-on pas comprendre au nombre des gens de service à gages, les secrétaires, les com-mis de bureaux, les commis-marchands, etc. ? La jurisprudence se partageait sur ce point en-core. Cependant un arrêt de la cour de Bour-ges, du 30 mai 1829, avait établi fort sagement une distinction entre les parties *essentielles* du service et les parties matérielles; cette dis-tinction a été sanctionnée par la nouvelle loi : c'est ce qui résulte de la discussion qui a eu lieu à la chambre des pairs à l'occasion de ce paragraphe. V. *Mon.* du 25 juin 1837.

Aujourd'hui la compétence des juges de paix ne s'étend qu'aux contestations relatives aux engagemens des gens qui sont *au service* d'un maître, et que ce dernier emploie à un travail matériel soit industriel, soit agricole.

Bien plus, le Code civil contient plusieurs dis-positions relatives aux différens ouvrages qu'un ouvrier peut se charger de faire pour un fabricant, ou même pour un autre ouvrier, sous des conditions et pour des sommes convenues; la loi nouvelle ne soumet à la juridiction des juges de paix ni ces ouvriers ni ces sortes d'entreprises. V. *Annales*, t. 1er, p. 64, et t. 2, p. 80.

Voici au reste le résumé de la discussion qui a eu lieu à l'occasion de ce paragraphe (V. *Mon.* du 25 juin 1837) dans la séance de la chambre des pairs du 24 juin 1837.

« La commission, dit M. le commissaire du roi Pascalis, propose d'étendre la compétence que le gouvernement établit au sujet des contestations qui s'élèvent entre le maître et l'ouvrier, entre le maître et le domestique, aux contestations qui s'élèvent entre le maître et le commis.

» La commission propose en outre de déclarer qu'il n'est pas dérogé aux lois et réglemens relatifs à la juridiction des tribunaux de commerce : c'est sur ces deux points que je demande à présenter quelques observations.

» La compétence des juges de paix doit être restreinte aux choses de peu de valeur. C'est dans ce but que la législation de 1790 avait limité cette compétence, en dernier ressort, à 50 francs, et, à charge d'appel, jusqu'à 100 fr. Ainsi, le juge de paix connaît des contestations qui s'élèvent entre le maître et les domestiques, en raison de leur salaire, en raison de leurs gages, parce que ce salaire ou ces gages sont ordinairement de peu de valeur, parce que le domestique et l'ouvrier ne laissent guère arriérer ce qui leur est dû. Mais, au sujet des contestations qui s'élèvent entre le commis et le chef de maison, la question peut s'agrandir. Ce peut être un objet d'une très grande valeur ; il est tels commis qui reçoivent des appointemens de plusieurs mille francs. Tels sont les caissiers, les teneurs de livres, les commis intéressés qui, pour cela, ne sont pas associés.

» Il me semble qu'on ne peut attribuer au juge de paix la connaissance des contestations qui peuvent s'élever à plusieurs mille francs; car veuillez remarquer que cette compétence s'étendrait aux engagemens réciproques du chef envers les commis et des commis vis-à-vis du chef.

» Ainsi, lorsque le commis réclamerait de son chef plusieurs mille francs de traitement, ou que le chef actionnerait son commis en reddition de compte d'une affaire importante, les juges de paix connaîtraient de ces contestations! Ce serait contre l'esprit de la loi, qui n'a voulu donner au juge de paix que la connaissance des contestations de peu de valeur. Qu'en résulterait-il, d'ailleurs, si vous étendiez trop loin la compétence des juges de paix? C'est que leurs décisions seraient soumises à de fréquens appels. Il faut bien reconnaître qu'ils sont juges consultans, et pour leur conserver une grande influence il ne faut pas qu'ils reçoivent de trop fréquens démentis de l'autorité supérieure.

» Quant à la juridiction commerciale, la chambre sait que l'ordonnance de 1673 contenait une disposition précise, d'après laquelle les juges consulaires étaient rendus compétens des contestations qui pouvaient s'élever entre le commettant et le commis, en raison des salaires qui seraient dus au commis, et réciproquement à l'occasion des demandes du commettant contre son commis; cette disposition n'a pas passé dans notre code de commerce, mais dans ce code, il y a un art. 634 d'après lequel les tribunaux de commerce ont seuls la compétence de ces contestations. Plusieurs jurisconsultes l'ont décidé ainsi, et de nombreux arrêts de la Cour de Paris attestent que cette compétence appartient aux tribunaux de commerce seuls. » V. *Ann.*, t. 3, p. 90, et t. 4, p. 174.

« Les juges de paix de Paris, répondit M. de Gasparin (rapporteur), jugent tous les jours des contestations entre les chefs des maisons de commerce, et leurs commis, leurs garçons de boutiques et les gens à leur service. Ces contestations sont extrêmement nombreuses. On avait poussé si loin l'interprétation de l'ancienne loi, qu'on avait été jusqu'à prétendre qu'un commis était un domestique, c'est-à-dire attaché à la maison (*domus*).

» La commission a pensé alors devoir soumettre les contestations de cette dernière nature, très nombreuses dans les grandes villes et même dans les campagnes, pour les plus petites sommes, à la compétence des juges de paix.

» Quant à cette réserve : « Sans néanmoins qu'il soit dérogé aux lois et réglemens relatifs à la juridiction des tribunaux de commerce et à celle des prud'hommes, » la commission a pensé que souvent il pouvait arriver que des commis auraient des intérêts dans la maison de leurs chefs, et que dans ce cas la question sortait de la compétence des juges de paix, et devait être renvoyée devant les tribunaux de commerce. »

« L'amendement de la commission va beaucoup trop loin, repliqua M. le garde-des-sceaux ; il faut rentrer dans les limites posées dans l'article du gouvernement. Il s'agit de régler les engagemens respectifs des chefs de maisons de commerce et de leurs commis, grand et petit commerce sans distinction.

» D'après le projet du gouvernement, lorsqu'il s'agit d'une valeur mobilière de 100 fr., le juge de paix en connaît en premier ressort, et en dernier ressort jusqu'à 200 fr. La commission propose de donner aux juges de paix la juridiction en premier ressort sur les engagemens respectifs entre les chefs d'une maison de commerce et leurs commis, quel que soit le montant des réclamations. Il y a là une attribution beaucoup trop considérable; et voici mes raisons. Le commissaire du gouvernement vous a dit que les expressions de la commission étaient beaucoup trop étendues. Quand il s'agit des engagemens respectifs de maîtres et de commis, de la part de commis recevant de forts appointemens, comme les caissiers, il n'y a pas le moindre doute que dans ces engagemens peut se trouver la nécessité de rendre un compte. Cette reddition de compte qui se trouve comprise dans les expressions générales de la commission, peut donner lieu à une action extrêmement importante, assurément alors ce n'est pas un juge de paix qui doit avoir cette juridiction.

» Remarquez que l'exception que présente M. le commissaire du roi, ne va pas au devant de cette objection ; car l'honorable M. Gasparin vous a dit que si le commis avait une part, un intérêt quelconque, les tribunaux de commerce connaîtraient de la contestation. En supposant que les expressions de la loi admissent cette exception, dans d'autres cas qui vous ont été présentés, les contestations contre des commis, soit qu'ils tiennent des livres, soit qu'il tiennent la caisse, peuvent porter sur des sommes très considérables qui échappent à la juridiction des juges de paix.

» C'est en allant trop loin, en faisant des pas précipités, que quelquefois on compromet les avantages qu'on veut se procurer. L'extension donnée aux justices de paix est assez considérable ; n'allons pas plus loin, attendons l'expérience. Les juges de paix, dit-on, semblent desirer cette extension ; ne le croyez p s : en général on ne désire pas accroître ses devoirs. »

» Les amendemens de la commission, dit enfin M. le comte de Portalis, sont en opposition l'un avec l'autre. La commission après avoir compris dans le § 3 les contestations entre les maîtres et les commis, ajoute : « Sans néanmoins qu'il soit dérogé aux lois et réglemens relatifs à la juridiction des tribunaux de commerce et à celle des prud'hommes. » Or, l'état actuel de la jurisprudence est que les tribunaux de commerce doivent connaître de toutes les contestations de cette nature qui s'élèvent entre les négocians et leurs commis. »

M. Tripier proposa, pour parer aux inconvéniens indiqués de chaque côté, de n'attribuer aux juges de paix la connaissance de la matière que jusqu'à concurrence de 1,000 fr. Cette mesure eût été sage et utile ; nous regrettons qu'elle n'ait pas été sanctionnée par le vote de la chambre. Voici une partie du discours prononcé par son auteur pour la faire prévaloir.

« La compétence des juges de paix dans le projet de loi, se compose de deux élémens parfaitement distincts : le premier pris dans l'importance des sommes. Là dessus, pas de doute ; c'est ce qui forme l'article premier. Le second élément est pris, soit dans la nature des contestations, soit dans la qualité des individus, soit dans la nature même des actions qu'il s'agit de former. Aussi vous devez remarquer qu'après l'art. 1er qui repose uniquement sur la somme, arrive l'art. 2 qui étend la juridiction des juges de paix jusqu'aux limites de la compétence en dernier ressort des tribunaux civils, (aujourd'hui 1,500 fr.) Enfin viennent les articles 3 et 4 qui vont plus loin, qui donnent aux juges de paix une compétence, non seulement jusqu'à 1,500 fr. comme l'art. 2, mais quelle que soit la somme, non plus, par conséquent, une compétence *ratione pecuniæ*, mais *ratione personæ et materiæ*.

» Nous avons maintenant à nous occuper particulièrement des difficultés qui s'élèvent entre les chefs de maison et les commis. Nous avons à examiner si nous règlerons la compétence pour eux uniquement à raison de la somme, ou si nous la règlerons *à raison composée de la somme et de la matière, de la somme et des personnes.*

» Je crois, messieurs, qu'il faut faire concourir, tout à la fois, la considération de la somme et celle des personnes et de la matière. En effet, rien n'est plus fréquent que les difficultés, très minutieuses souvent, qui s'élèvent entre un chef de maison et un employé. Ainsi, au moment où un employé est congédié, des difficultés s'élèvent entre lui et le chef de maison. La décision en est urgente, souvent dans l'intérêt des maisons, mais plus particulièrement encore dans l'intérêt des commis et des employés qui sont congédiés quelquefois dans un moment d'humeur, et qui par conséquent se trouvent alors exposés à des difficultés pour lesquelles il est important qu'ils puissent obtenir une prompte justice.

» Ce n'est pas cependant pour moi un motif de placer ces contestations dans la catégorie de l'art. 4, c'est-à-dire dans la compétence en premier ressort, à quelque somme que la contestation puisse monter.

» J'adhère très volontiers, et de pleine conviction, aux observations faites par M. le commissaire du roi et M. le garde-des-sceaux, qui vous ont fait remarquer que la rédaction était tellement étendue, que n'admettant aucune exception, elle irait jusqu'à comprendre des contestations qui pourraient porter sur de grands intérêts. Je proposerais, et je crois que ce serait une chose nécessaire, de ranger les difficultés qui s'élèvent entre les chefs de maisons et les commis, dans l'art. 2, c'est-à-dire que les juges de paix en connaissent, en dernier ressort, jusqu'à 100 f. seulement, et en premier ressort jusqu'à 1,500 fr., puisque c'est le taux pour lequel le tribunal civil est lui-même compétent en dernier ressort. De cette manière, toutes les difficultés qui s'élèvent journellement entre les chefs de maison et les commis, surtout lorsqu'il s'établit entre eux une espèce de schisme qui ne permet pas qu'ils restent ensemble, seraient soumises aux juges de paix, en dernier ressort, jusqu'à 100 fr., et en premier jusqu'à 1,500 fr., et réglées incontinent. Ainsi serait tarie la source d'une foule de difficultés. Si vous renvoyez devant le tribunal civil, et par suite en appel, vous jetez les parties dans de grands procès, parce que les procès deviennent grands par les frais ; parce que, de peu d'importance en commençant, ils finissent par s'accroître des frais si faciles à s'élever. »

Malgré ces considérations et sur les nouvelles observations de M. le garde-des-sceaux, la chambre rejeta, et la proposition de la commission, et *le mezzo termine,* proposé par M. Tripier.

Pour ce qui est relatif aux conseils des prud'hommes, voyez lois **du 18 mars 1806, et décret du 11 juin 1819.**

Le quatrième paragraphe de notre article est encore une innovation de la loi nouvelle.

Dans le projet de loi sur l'organisation judiciaire présenté à la chambre des députés dans la session de 1835, ce paragraphe avait été rédigé ainsi : « *Des contestations* entre les nourrices et les père et mère ou tuteurs des enfans qui leur ont été confiés, etc. »

La rédaction nouvelle, en restreignant la compétence du juge de paix sur ce point aux contestations relatives *au paiement*, a rendu ce paragraphe à peu près inutile.

Ce qui regarde les bureaux de nourrices de la ville de Paris et de la banlieue est encore régi aujourd'hui par les décrets du 25 mars et du 30 juin 1806, qui restent intacts.

Dans les cas des §§ 4 et 5 de cet article, les juges de paix sont compétens à quelque somme que les dommages et intérêts s'élèvent, quand bien même ils ne pourraient connaître de l'affaire comme juges *de police*. (Cass., 21 décembre 1813) (1). Nous ferons remarquer aussi qu'il faut, pour que la partie ne puisse plus porter son action civile devant le magistrat de paix, que le tribunal criminel ait statué au fond. Cass., 21 novembre 1825.

Dans le paragraphe du projet de loi présenté à la chambre des pairs se trouvaient ces mots : « *Pour injures et expressions outrageantes.*» Ces deux derniers mots ont été supprimés par la commission d'examen du projet de loi, par la raison qu'ils étaient inutiles.

M. Parant (chambre des députés, séance du 23 avril 1838, V. *Mon.* du lendemain) proposa aussi la suppression de ces mots : *autrement que par la voie de la presse.*

« Jusqu'à présent, disait-il, nous avons admis que les injures par écrit sont celles qui sont faites, non seulement par manuscrit, mais encore par imprimés. Je ne vois pas pourquoi la commission a voulu changer le système de la loi et déroger au sens consacré par l'usage.

»La loi reconnaît deux sortes d'actions, l'action civile et l'action correctionnelle ou criminelle. Pour l'action civile, on n'a pas voulu qu'elle fût, dans tous les cas, portée devant les tribunaux ordinaires ; et par conséquent on a admis que les juges de paix pourraient en connaître toutes les fois qu'elle ne serait pas de grande importance.

» Ainsi s'agit-il de diffamation verbale ? Si la personne diffamée ne veut pas se pourvoir devant le tribunal correctionnel, si elle veut saisir son juge civil, le projet du gouvernement et celui de la commission lui permettent de saisir le juge de paix.

»Eh bien ! je demande qu'il en soit de même d'une injure commise par le moyen de la lithographie ou de l'imprimerie. Je demande pourquoi la différence introduite par la commission dans sa rédaction ? Pourquoi obliger une partie à saisir à grands frais un tribunal ordinaire ? Pourquoi ne laisse-t-on pas enfin à cette partie la faculté de se pourvoir devant le juge de paix ? Il n'y aurait à cela aucun inconvénient, et on y trouverait l'avantage de ne point multiplier la nature des actions lorsqu'il s'agit de faits analogues, et surtout d'épargner des frais aux parties. Les soumettre à un juge plus élevé, c'est les exposer à des dépenses plus considérables, c'est donc s'éloigner du but de la présente loi sans nécessité. »

« L'amendement qui vous est présenté par M. Parant, répondit M. le rapporteur, quoiqu'il ne demande que la suppression de quelques mots, a cependant une grande portée.

» Il s'agit de savoir si vous soumettrez au juge de paix, comme l'avait fait la loi de 1790, les injures verbales, et comme l'avait fait le premier projet, les injures par écrit, ou si vous lui soumettrez en outre les injures publiées par la voie de la presse.

» Je dis que les injures faites par la voie de la presse ne sont, à cause de leur publicité, comparables à aucune autre. Si vous vous occupez de la gravité du délit, il est nécessairement plus considérable que si l'injure avait été faite par des écrits à la main ; il a plus de portée, prouve plus de malice et produit un plus fâcheux résultat.

»Il ne s'agirait pas seulement de simples pamphlets , mais des ouvrages les plus longs , des journaux publiés chaque jour ; les juges de paix auraient sans cesse à décider si un ouvrage sérieux et de longue haleine, si un ouvrage comme celui de M. de Lamennais, par exemple, ou de tel autre, contient des injures. Les injures adressées par un tel moyen de publication ne peuvent être renvoyées devant un degré de juridiction aussi inférieur. Je pense qu'énoncer une telle proposition, c'est la résoudre, et que vous adopterez l'amendement. »

» L'honorable rapporteur, répliqua M. Jobard, vient de dire que le juge de paix ne peut connaître des injures commises par la voie de la presse. Cependant, aux termes des lois des 17 et 26 mai 1819 , les injures qui ne renferment pas imputation d'un fait précis ou d'un vice déterminé, seront jugées par le juge de paix comme juge de police. Si le juge de paix peut prononcer sur de pareils faits dans le tribunal de police, quelles raisons si graves de lui en refuser la connaissance comme juge civil ? »

«L'honorable M. Jobard, répondit M. Lavielle, suppose que le juge de paix ne pourra jamais connaître des faits de la presse poursuivis civilement, c'est une erreur. Il le pourra, au contraire, toutes les fois que l'individu qui se prétendra diffamé ou injurié voudra réduire son action civile à 100 ou 200 fr., le juge de paix sera compétent d'après les dispositions de l'art. 1er déjà voté, qui comprend toutes actions personnelles qui n'excèdent pas ce chiffre; mais il

---

(1) Un arrêt de la Cour de Liège du 2 mars 1824 rapporté par Dalloz, t. 26, p. 19, a jugé que cette conséquence ne pouvait pas être admise en *matière de voies de fait.* Nous ne comprenons pas bien les raisons de la distinction établie par cet arrêt, et nous croyons qu'il faut persister dans la jurisprudence de la Cour suprême.

ne peut l'être évidemment pour les injures publiées par la voie de la presse, à quelque valeur que la somme demandée puisse monter. Ce serait dépouiller les cours royales, ou pour mieux dire le jury, de toutes les questions de la presse ; ce serait renverser indirectement la loi du mois de mai 1819, et les autres lois sur la presse, et ce n'est pas assurément l'intention de la Chambre ; elle adoptera donc l'amendement de la commission. »

Et à la suite de cette discussion l'amendement de la commission fut voté et adopté.

Qu'entend-on par diffamation, injure, voies de fait ? quels en sont les caractères ? C'est ce qui nous reste à dire en quelques mots.

On entend, par voies de fait les atteintes matérielles portées à une personne, ou les empiétemens faits avec violence sur ses biens. Mais dans le sens usuel, cette expression est beaucoup plus restreinte, elle ne s'entend que des coups et violences dont la mort n'a pas été la suite ; et c'est dans ce sens seulement qu'il faut entendre ici cette expression ; le mot *rixe* (*contentio*) qui la précède, nous le prouve sans réplique.

L'art. 13 de la loi du 17 mai 1819 définit ainsi la diffamation : « Toute allégation ou imputation d'un fait qui porte atteinte à l'honneur ou à la considération de la personne ou du corps auquel le fait est imputé. »

L'art. 367 du Code pénal définit la calomnie, « L'imputation de faits qui, s'ils existaient, exposeraient celui contre qui ils sont articulés, à des poursuites criminelles ou correctionnelles, ou même l'exposeraient seulement au mépris ou à la haine des citoyens. »

Ces lois semblent au premier aperçu n'établir aucune différence entre les deux expressions *calomnie* et *diffamation* ; différentes quant aux termes, elles paraissent identiques quant au fond. Il n'en est pas cependant ainsi. Le mot *calomnie* dans le langage ordinaire, dans son acception naturelle, ne s'entend en effet que de l'imputation d'un fait réellement faux ; l'art. 367 que nous venons de citer tout-à-l'heure, avait détourné ce mot de son acception. La loi du 17 mars 1819 modifiée par celle du 25 mars 1822 a donc avec raison abrogé cet article et transporté à la *diffamation*, la définition appliquée à la calomnie. Aujourd'hui et pour l'application surtout du paragraphe dont nous nous occupons, il faut reconnaître que la diffamation, sans qu'il y ait calomnie, n'implique pas nécessairement la fausseté des faits allégués, mais qu'il suffit pour la constituer qu'il y ait d'une part intention de nuire, et de l'autre un dommage causé, qu'ainsi la calomnie contient toujours la diffamation tandis qu'au contraire la diffamation peut très bien exister sans la calomnie.

On entend d'un autre côté par injure des propos ou expressions outrageantes qui tendent à attaquer la probité, l'honneur, la réputation de quelqu'un, ou à porter atteinte à son crédit et à la considération dont il jouit. (Code des délits et des peines, art. 605. C. pén., art, 175 et 176.) L'injure est comme on voit une offense beaucoup moins grave que la diffamation dont elle diffère essentiellement, cette dernière ne pouvant exister, s'il n'a pas été fait une allégation d'un fait diffamatoire, tandis que l'injure consiste souvent dans un mot, dans une apostrophe grossière.

Ces distinctions sont fort importantes puisqu'elles établissent des dégrés différens relativement à la culpabilité, et doivent par conséquent influer d'une manière notable sur le chiffre des dommages et intérêts qui doivent être alloués à la partie lésée.

Celui qui se fait l'écho d'un propos injurieux ou diffamatoire doit-il être considéré comme le complice de l'injure ou de la diffamation ? V. *Annales*, t. 3, p. 165.

ARTICLE SIX.

Les juges de paix connaissent, en outre , à charge d'appel : 1° des entreprises commises, dans l'année , sur les cours d'eau servant à l'irrigation des propriétés et au mouvement des usines et moulins, sans préjudice des attributions de l'autorité administrative dans les cas déterminés par les réglemens ; des dénonciations de nouvel œuvre, complaintes, actions en réintégrande et autres actions possessoires fondées sur des faits également commis dans l'année ;

2° Des actions en bornage et de celles relatives à la distance prescrite par la loi , les réglemens particuliers et les usages locaux, pour les plantations d'arbres ou de haies, lorsque la propriété ou les titres qui l'établissent ne sont pas contestés ;

3° Des actions relatives aux constructions et travaux énoncés dans l'article 674 du Code civil, lorsque la propriété ou la mitoyenneté du mur ne sont pas contestées ;

4° Des demandes en pension alimentaire n'excédant pas 150 fr. par an, et seulement lorsqu'elles seront formées en vertu des art. 205, 206 et 207 du Code civil (1).

Les matières, dont cet article contient l'énumération, sont sans contredit les plus épineuses de toutes celles qui sont soumises à la juridiction des juges de paix ; les développemens qu'elles exigeraient dépasseraient trop les bornes d'un commentaire d'une loi de compétence, pour que nous cherchions à les donner ici. Il nous suffira de rappeler les principes qui les régissent et de faire remarquer les modifications qui ont été introduites par la nouvelle loi. *V.* pour plus amples renseignemens sur ces différens points notre *Répertoire de la science des juges de paix*, v° *Actions possessoires*.

Les §§ 1 et 3 de l'art. 10 de la loi des 16-24 août 1790, que cet article remplace aujourd'hui étaient ainsi rédigés :

«Le juge de paix connaîtra sans appel jusqu'à 50 livres, et à charge d'appel, à quelque valeur quela deman de puisse monter, des déplacemens de bornes, usurpations de terres, arbres, haies, fossés et autres clôtures, commises dans l'année, des entreprises commises sur les cours d'eau servant à l'arrosement des prés, commises également dans l'année, et de toutes autres actions possessoires.»

Comme on le voit, l'assemblée constituante avait fixé, pour ces sortes de matières, deux degrés de juridiction ; le premier ressort seulement lorsqu'il s'agissait d'actions d'une valeur supérieure à 50 livres, et le dernier ressort, quand cette matière était d'une valeur inférieure à cette somme.

En agissant ainsi les rédacteurs de la loi de 1790 avaient eu pour but d'éteindre, à leur naissance, les querelles de vanité, de convoitise, qui ne s'élèvent que trop souvent dans nos campagnes ; mais ils n'avaient pas songé que la compétence des juges, se trouvant déterminée non par le jugement, mais par la demande, les haines ou les antipathies de voisinage ne se contenteraient pas de la décision des juges de paix, et exagèreraient toujours leurs prétentions pour se réserver le droit de la critiquer en appel.

L'expérience a démontré qu'il en était toujours ainsi. Ensuite, ce double degré de juridiction avait fait naître de longues controverses que la rédaction nouvelle doit heureusement éteindre.

D'un autre côté, toutes ces sortes d'actions ne sont nullement appréciables à prix d'argent, et c'est avec raison que, dans la loi nouvelle, on a supprimé la distinction établie par la loi de 1790.

Le § 2 de notre article ne fait presque que reproduire, quant aux cours d'eau, la disposition de la loi de 1790, mais il donne une énumération plus rationnelle, plus complète, et telle à peu près qu'elle avait été entendue et déterminée par la jurisprudence de la cour suprême.

Ainsi, par exemple, la loi de 1790 accordait au juge de paix le droit de connaître des entreprises commises sur les cours d'eau *servant à l'arrosement des prés.* De là une longue controverse pour savoir si ce magistrat pouvait ou non statuer sur les entreprises relatives aux cours d'eau servant à l'alimentation, aux besoins des communes, ou bien des usines et manufactures. Les termes de l'article sont restrictifs, disait-on, et l'on ne doit pas, en l'absence d'un texte formel, attribuer à un juge d'exception la connaissance de contestations toujours fort difficiles et fort importantes.

Mais, répliquait-on, les empiétemens sur les cours d'eau, quel que soit leur usage, constituent un simple trouble à la possession, et le juge de paix peut toujours statuer sur la dénonciation qui lui en est faite, puisque, en réalité, il ne s'agit alors que de juger sur une action possessoire.

La rédaction de la loi du 25 mai termine cette controverse qui, aujourd'hui, du reste, n'était plus que du domaine de l'école.

Mais, toutefois, si le juge de paix peut connaître de toutes les actions relatives aux cours d'eau, il n'en doit pas moins éviter d'empiéter sur les droits de l'administration.

Ainsi, aujourd'hui encore, comme sous l'empire de la loi ancienne, le juge de paix serait incompétent pour ordonner, par mesure de police administrative, des travaux et des réparations aux cours d'eau non navigables, ou encore pour ordonner le changement du lit d'une rivière ou d'un ruisseau à l'effet d'en prévenir les débordemens.

L'article dont nous nous occupons réserve expressément ce qui appartient aux attributions administratives, il est donc indispensable d'indiquer, au moins sommairement, ce qui, en ces matières, ressort aux tribunaux administratifs.

« Dans le régime intérieur d'un état, dit le savant Henrion de Pansey, *de l'Autor. judic.*, le gouvernement agit en deux qualités bien distinctes : celle de législateur, qui lui donne (dans les limites et selon les formes de la constitution) le droit de statuer sur des lois générales ; et celle d'administrateur suprême, qui lui impose l'*obligation* de prendre toutes les mesures d'ordre

---

(1) «Les enfans doivent des alimens à leurs père et mère et autres ascendans qui sont dans le besoin. C. civ., 205.»

» Les gendres et belles-filles doivent également, et dans les mêmes circonstances, des alimens à leurs beau-père et belle-mère ; mais cette obligation cesse 1° lorsque la belle-mère a convolé en secondes noces ; 2° lorque celui des époux qui produisait l'affinité, et les enfans issus de son mariage avec l'autre époux sont décédés. C. civ., art. 206.

»Les obligations résultant de ces dispositions sont réciproques. C. civ., art. 207. »

et de sécurité publics, qui, plus en action qu'en délibérations, sont hors du domaine de la puissance législative. »

Le pouvoir administratif embrasse donc tous les actes qui dérivent de l'exercice des droits et de l'accomplissement des devoirs attachés à cette obligation.

Mais l'exécution de ces actes soulève parfois des difficultés. Qui sera chargé de les résoudre?

L'assemblée constituante a attribué la connaissance des matières contentieuses à l'administration elle-même, tout en regrettant que nos législateurs aient cru devoir confier à des fonctionnaires révocables, et par cela même quelquefois dépendans de l'administration, les querelles entre cette administration et les particuliers, nous dirons que l'autorité judiciaire doit bien se garder d'empiéter sur les droits réservés ainsi à la juridiction administrative.

D'un autre côté, les tribunaux ne doivent pas laisser l'administration usurper leurs attributions.

On voit donc qu'il est souvent difficile de saisir la ligne de démarcation qui sépare les matières judiciaires des matières administratives.

Nous ne pouvons ici qu'esquisser pour ainsi dire ce qu'il y aurait à dire à cette occasion; mais nous devons rappeler toutefois que dans leur fréquent contact avec l'autorité administrative, les tribunaux de paix ne doivent pas perdre de vue :

1° Qu'il leur est interdit de prononcer sur toute contestation ou sur tout point de contestation précédemment réglé par des actes ou arrêtés administratifs, alors même que ces arrêtés auraient été incompétemment rendus ; qu'ils doivent, même d'office, surseoir jusqu'à ce que ces arrêtés aient été réformés par l'autorité administrative supérieure.

2° Que lorsque la décision du litige est subordonnée à la détermination du sens d'un acte administratif, les tribunaux doivent renvoyer devant cette autorité pour faire interpréter l'acte.

3° Qu'ils doivent également suspendre leur délibération, dès qu'un arrêté de conflit leur est notifié.

4° Qu'enfin, lorsqu'une plainte est portée contre un fonctionnaire public, ils doivent, avant d'interroger l'inculpé et de décerner contre lui un mandat de dépôt ou d'arrêt, demander au conseil d'état, par l'organe du procureur général, l'autorisation nécessaire pour la mise en jugement.

5° Qu'il suffit que des actes aient les caractères extérieurs d'actes administratifs de la compétence de l'autorité administrative, pour que leur connaissance soit attribuée à cette autorité. V. Dalloz, v° *Comp. admin.*

Nous arrivons maintenant aux actions possessoires. Ces actions sont celles qui ne sont relatives qu'à la possession, et qui tendent, soit à y faire maintenir le demandeur en cas de simple trouble, soit à l'y faire réintégrer en cas de spoliation. On les désigne ainsi par opposition à celles qui ont pour but la propriété, et que l'on appelle *actions pétitoires.*

La possession fait présumer la propriété. De là toute l'importance de la matière des actions possessoires.

Celui qui obtient la possession, poursuivi au pétitoire, n'est tenu à aucune preuve ; c'est à son adversaire à détruire la présomption de propriété résultant de la possession. *V.* notre *Répertoire*, v° *Actions possessoires.*

On reconnaît généralement trois espèces d'actions possessoires, *la complainte, la dénonciation de nouvel œuvre et la réintégrande.* Cette distinction qui, au reste, n'est pas écrite dans les lois antérieures à celle que nous commentons, nous semble bien moins importante qu'on ne l'a dit souvent.

Quoi qu'il en soit, voici dans quel sens on comprend généralement ces diverses actions.

L'action en complainte tend à être maintenue dans la possession annale d'un immeuble ou d'un droit réel immobilier à laquelle il est porté atteinte. Elle est fondée, comme nous l'avons dit pour toutes les actions possessoires, sur ce que celui qui possède une chose depuis plus d'un an, en est par provision réputé propriétaire.

La dénonciation de nouvel œuvre est une espèce de complainte qu'un propriétaire intente contre celui qui a fait ou commencé sur son propre fonds un nouvel ouvrage contre l'ancienne disposition des lieux, et qui porte préjudice au plaignant, en le troublant dans sa propriété ou dans un droit réel qu'il se prétend fondé à exercer sur l'héritage voisin. Favard. v° *Dénonciation de nouvel œuvre;* Carré, *Droit français,* 2, 231.

Et *la réintégrande* a pour but, comme l'indique son nom, de faire réintégrer dans sa possession, celui qui en a été dépouillé.

Quelle est la nature des actions possessoires ?

Quelles sont les choses qui peuvent être l'objet de ces actions ?

Les conditions requises pour leur exercice ?

Les personnes qui peuvent les intenter ou y défendre? C'est ce que nous allons indiquer sommairement.

La nature de toutes les actions, en général, se détermine par les conclusions du demandeur. Les moyens employés par le défendeur pour le repousser ne peuvent aucunement la modifier. (Cass. 18 janvier 1832. D., t. 14, 1re part., p. 262.) Il n'y a pas d'exception à ce sujet, relativement aux actions possessoires.

Si l'on se rappelle la distinction que nous avons établie entre les actions possessoires et les actions pétitoires, on sentira que le libellé de la demande en ces matières est une chose des plus importantes, car selon que le même résultat est demandé en des termes différens, les parties se trouvent soumises à la juridiction des juges de paix ou des tribunaux civils d'arrondissement.

Ainsi, par exemple, une personne demande

à être réintégrée dans la possession d'une maison dont elle a été expulsée violemment, ce sera là une action possessoire de la compétence du juge de paix ; elle conclut au contraire, à ce que le jugement reconnaissant son titre de propriétaire, expulse celui qui est venu la troubler, l'affaire devient alors pétitoire, et retombe dans le domaine du tribunal civil.

Toutefois, le juge de paix ne serait pas moins compétent si une fausse qualification était donnée à l'action, si par exemple elle avait été appelée réintégrande au lieu de complainte et réciproquement. Cass., 1er avril 1833. D., t. 33, 1re partie, p. 73. V. aussi *Ann.*, t. 1er, p. 124.

Aujourd'hui, à la différence de ce qui se passait sous l'ancien droit, l'action possessoire ne peut plus être intentée que pour immeubles et droits réels et immobiliers.

Nous allons indiquer les principaux cas qui peuvent y donner lieu.

Un droit qu'un particulier prétend s'arroger d'empêcher son voisin de bâtir sur son propre terrain, constitue une servitude non apparente qui ne peut être prescrite (C. civ., art. 691), et qui ne peut par conséquent donner lieu à la complainte. Cass., 28 février 1814.

Un droit de parcours ne peut non plus être l'objet d'une action possessoire, parce qu'il n'est pas susceptible d'être acquis par la prescription, soit qu'on le considère comme servitude, soit qu'on le considère comme acte de tolérance. Cass., 22 nov. 1830. ; J. P. t. 2, de 1831, p. 321.

La simple possession annale d'une servitude discontinue ne peut autoriser la complainte, quand même elle aurait commencé sous l'empire d'une coutume qui admettait la prescription de ces sortes de servitudes, s'il n'est pas constant que la possession annale se soit accomplie avant la promulgation du Code. Cass., 13 août 1810.

Dans le même cas où le complaignant pourrait se prévaloir d'une possession antérieure au Code de plus d'une année, son action ne serait pas recevable. Cass., 16 février 1812 et 3 octobre 1814, J. P. A. D.

Mais lorsque la jouissance du possesseur est appuyée sur un titre, peu importe le mode de possession : puisque le droit est certain, il y a lieu à l'action en complainte. Cass., 20 juill. 1810, 6 juillet 1812, 17 mai 1820 et 30 mars 1830.

Il en est de même lorsqu'il y a destination du père de famille, parce qu'elle vaut titre, aux termes de l'art. 692 du C. civ., Cass., 2 mars 1810.

Il en est encore ainsi, lorsqu'il s'agit de servitude établie par la loi, car c'est le titre le plus incontestable que l'on puisse avoir par soi : en conséquence, le propriétaire du fonds supérieur peut exercer la complainte, dans l'année du trouble, contre le propriétaire inférieur qui a fait sur son fonds des travaux destinés à empêcher l'écoulement naturel des eaux. Cass., 13 juin 1814.

Et enfin, pareille décision doit être encore

rendue lorsque l'on veut se faire maintenir, par voie possessoire, dans la jouissance d'un passage, en cas d'enclave. Cass., 7 mai 1829, 16 mars 1830, 18 novembre 1832.

En conséquence du principe posé par l'article 2226 du C. civil, la Cour de cassation a jugé, le 1er décembre 1823 (J. P. A. D.) que l'on ne peut réclamer, par voie possessoire, la jouissance d'une chapelle faisant partie d'une église qui a toujours été consacrée à l'exercice d'un culte.

Mais rien n'empêchant qu'un terrain serve à la tenue d'une halle ou d'un marché, et soit en même temps une propriété privée, l'action en complainte peut être exercée pour se faire maintenir dans la possession du droit d'y percevoir une certaine taxe. Cass., 1er août 1809.

De même, un terrain qui n'est ni une place publique, ni une rue ou dépendance d'une rue, et qui ne sert à aucun usage public, considéré comme propriété purement communale, ne peut être rangé dans la classe des choses qui sont dans le domaine public et hors du commerce, et il peut en conséquence être l'objet d'une action possessoire. Cass., 7 avril et 18 novembre 1834. *Annales*, t. 1er, p. 187 et 198.

La possession d'un terrain ayant fait partie d'un chemin vicinal peut-elle être l'objet d'une complainte ? Cette question doit, sans contestation, être résolue pour la négative, tant que le terrain est réellement un chemin public ; mais l'usurpation du chemin ayant nécessairement changé la destination, l'action en complainte est admissible. *Répertoire*, v° *Actions possessoires*, n° 47. V. aussi *Ann.*, t. 2, p. 83 et 115, et t. 3, p. 3 et 257.

Un droit de nue-propriété peut autoriser la complainte, s'il s'agit d'une atteinte portée au droit sur le fonds, comme, par exemple, d'une anticipation de terrain ; mais le nu-propriétaire ne peut, pour compléter la possession ou prescription annale, joindre à sa propre possession celle qu'a eue l'usufruitier dont la possession est éteinte. Cass., 6 mars 1822, J. P., t. 2 de 1823, 78.

La possession d'un droit d'usage peut, tout aussi bien que celle d'un usufruit, être maintenue ou restituée par voie possessoire, l'usage n'étant qu'un usufruit restreint aux besoins de la personne. *Répertoire*, v° *Act. poss.*, n. 49. V. ci-ap., p. 86.

Les redevances en nature, connues dans l'ancien droit sous les noms de *Champart* et *Complant*, ne sauraient être assimilées à un droit d'usage, ni autoriser la complainte. *Sic.*, Cass., 29 juillet 1828 et 9 août 1831. *Contrà*, Henrion, ch. 43; Carré, 2373.

Cependant les haies séparatives de deux héritages peuvent être l'objet d'une action en complainte ; vainement on objecterait que l'art. 670 du Code civil ne reconnaît que deux espèces de droits à cet égard : le droit de propriété, lorsqu'il y a signe ou possession d'une nature exclusive en faveur de l'un des propriétaires, et le droit de mitoyenneté, lorsque ce signe ou cette possession n'existe pas ; car la possession tend à la prescription en cette matière, et c'est là le signe certain de l'admissibilité des actions possessoires. Cass., 8 vend. an 14 ; S. 6, 75.

Par la même raison, la possession indivise d'une propriété commune autorise la complainte contre celui des communistes qui veut s'attribuer une jouissance exclusive. Cass., 27 juin 1827 et 19 novembre 1828.

Les eaux qui bordent ou traversent les héritages peuvent aussi être l'objet des actions possessoires. Cass., 24 février 1808, 16 juin 1810, 1er mars 1815. S., 8, 493 ; 11, 164 ; 45, 120. 28 avril 1829, 5 avril 1830. Merlin, vᵒ *Complainte*; Favard, vᵒ *Justice de paix*.

Cette décision s'applique même au cas où il ne s'agit que d'eaux mortes ou stagnantes. Cass., 24 mars 1813 ; S. 13, 337.

La hauteur des eaux d'une rivière, même non navigable ou flottable, étant exclusivement du domaine de l'administration, il ne pourrait, en conséquence, y avoir lieu à complainte de la part de celui qui se prétendrait troublé dans la jouissance, fût-elle immémoriale, de telle hauteur d'eau ; car cette chose n'étant pas dans le commerce, n'est pas prescriptible. Cass., 19 novembre 1826.

Le droit de puiser de l'eau à la fontaine d'un voisin, constitue une servitude discontinue, qui n'est pas non plus prescriptible, et ne peut, conséquemment, donner lieu à une action possessoire. Cass., 23 novembre 1808.

Cette décision devrait encore être maintenue quand bien même des travaux apparens auraient été faits sur le fonds assujetti (Cass., 21 octobre 1807), sauf le cas, du moins nous le pensons, où ces travaux pourraient être considérés comme constituant une preuve de co-propriété de la fontaine. V. *Répertoire*, vᵒ *Actions possessoires*.

Enfin, la cour de cassation a également jugé qu'un fait de passage ne peut donner lieu à la complainte. Cass., 2 février 1820.

Il y a lieu à l'action possessoire, quoique les travaux sur lesquels elle est fondée soient faits sur les terrains du défendeur, et qu'ils aient été achevés avant l'action. Cass., 17 juin 1834, V. *Annales*, t. 2, p. 3.

Le propriétaire d'un fonds inférieur, ne peut acquérir par prescription le droit de se servir de l'eau d'une source qui existe dans le fonds supérieur, ni, par conséquent, intenter complainte si on le trouble dans ce droit, qu'autant que les ouvrages apparens dont parle l'art. 642 du Code civil ont été faits par lui sur le fonds supérieur. A cet égard, les ouvrages exécutés sur le fonds inférieur sont insuffisans. Bordeaux, 1er juill. 1834. V. *Ann.*, t. 2, p. 88.

De ce qu'un particulier se prétend propriétaire d'un cours d'eau sur lequel un trouble a été exercé, et qu'il a été déclaré par le juge de paix que ce particulier a le *droit* d'user du cours d'eau, cependant, si les conclusions qui ont été adjugées tendaient à la cessation du *trouble*, quoique paraissant comprendre dans

leur ambiguïté le possessoire et le pétitoire, le jugement ne cesserait pas d'être rendu simplement au possessoire, et ne pourrait être annulé pour cumul du pétitoire avec le possessoire. Cass., 15 juillet 1836 ; vʳ *Annales*, t. 2, p. 88.

Lorsqu'un maire, sans avoir fait notifier un arrêté préalable, a exhaussé le sol d'un chemin communal, et que cet exhaussement, interceptant le cours d'une fontaine, inonde les propriétés voisines, le juge de paix n'a pas le droit, au possessoire, sur la plainte d'un des propriétaires inondés, d'ordonner le rétablissement du chemin dans son état primitif. Arr. cons. d'ét., 7 mars 1835. V. *Annales*, t. 2, p. 115.

L'action possessoire en maintenue d'un droit de passage sur le terrain d'autrui, est non recevable comme constituant la demande d'une servitude discontinue, qui ne peut s'acquérir que par titre... sur tout si déjà il y a chose jugée sur le pétitoire contre la demande au possessoire. Cass., 3 juin 1835. V. *Annales*, t. 2, p. 285.

Il suffit que l'action en complainte, relativement à des travaux qui changent le cours naturel des eaux, soit dirigée par un particulier contre un autre particulier, pour que le juge de paix ait dû en connaître, et n'ait pas dû se déclarer incompétent, sous le prétexte qu'il s'agissait de statuer sur des innovations et des empiétemens faits sur un chemin public. Cass., 22 juin 1835. V. *Annales*, t. 3, p. 3.

Si le désistement d'une action possessoire n'a pas été accepté par le défendeur, ou s'il n'en a pas été donné acte par le juge, le demandeur n'est pas recevable à former une action au pétitoire. Et c'est avec raison qu'en pareil cas, le juge du pétitoire renvoie le demandeur à faire préalablement régler le possessoire, afin d'éviter le cumul des deux actions. Cass., 3 mars 1836. V. *Annales*, t. 3, p. 142.

Une propriété appartenant à l'état peut être l'objet d'une action en complainte par le possesseur depuis an et jour. Code civ. 2,227 ; Code de pr., 23 ; Cass., 28 mars 1836. V. *Annales*, t. 3, p. 257.

Les juges de paix sont compétens pour prononcer sur les actions en dénonciation de nouvel œuvre, ayant moins d'an et jour, bien que les les travaux soient terminés. Code de pr., 23 ; Cass. 28 mars 1836. V. *Annales, loco citato*.

Il suffit que le trouble apporté à la possession d'un individu soit le résultat d'un ordre administratif, intimé à l'auteur du trouble, et exécuté par lui, pour que le juge de paix n'ait pu être saisi de l'action possessoire formée contre l'auteur du trouble, encore bien que les dommages réclamés ne s'élevassent point à la somme de 50 fr. Cass. 7 juin 1836. V. *Annales*, t. 4, p. 3.

Le passage, au cas d'enclave, constitue une servitude légale, fondée sur la nécessité et qui est considérée comme équivalent à un titre :

par suite, le possesseur pendant un an et un jour d'un passage pour l'exploitation d'un droit d'usage sur une propriété enclavée, est recevable, la nécessité une fois reconnue, à former, en cas de trouble, la complainte au possessoire. Code civ. 682; Code de pr. civ. 23; Cass. 7 juin 1836. V. *Annales*, t. 4, p. 32.

L'action intentée par le riverain d'un cours d'eau, contre un riverain supérieur, pour obtenir réparation des troubles à la possession qu'il prétend avoir des eaux, est une action possessoire. Loi du 24 août 1790, tit. 3 art. 10; Code de pr. 23; Cass. 17 août 1836. V. *Annales*, t. 4, p. 143.

Le juge du possessoire, saisi d'une demande tendant tout à la fois au possessoire et au pétitoire, doit statuer sur l'objet de sa compétence, et renvoyer pour le surplus devant qui de droit; il ne peut se déclarer incompétent purement et simplement sur le tout. Cass., 30 janvier 1837. V. *Annales*, t. 4, p. 200.

Celui qui, par des travaux, a troublé la possession d'un individu, doit, s'il y a lieu, être condamné à des dommages-intérêts et aux dépens, alors même qu'antérieurement à l'action un arrêté municipal aurait maintenu ces travaux pour cause d'ordre et de sûreté publique. Code civ. 2, 1382; Code de pr. 23. V. *Annales*, t. 4, p. 228.

Le possesseur d'un terrain, qui, à raison d'un premier trouble, a introduit *à priori* une instance au pétitoire, n'est pas irrecevable, soit pour cause de renonciation tacite, soit pour cause de cumul, à se pourvoir au possessoire, à raison d'un second trouble commis pendant cette instance, alors que le second trouble diffère, quant à sa nature, de celui qui faisait l'objet de la demande pétitoire, bien qu'ayant eu lieu sur le même terrain et de la part du même individu. Cass. 17 avril 1837. V. *Annales*, t. 4, p. 258.

Pour exercer l'action en réintégrande, il suffit d'avoir la détention naturelle au moment de la dépossession; pour qu'il y ait lieu à l'exercice des autres actions possessoires il faut que la possession *soit continue et non interrompue, non équivoque, à titre de propriétaire, annuelle et n'avoir pas cessé depuis plus d'une année.*

Les dépositaires, les sequestres judiciaires, les fermiers ou locataires, les usagers, etc., ne peuvent donner lieu à l'action possessoire de la part du propriétaire de l'objet qu'ils détiennent.

Ils ne peuvent non plus exercer l'action possessoire à l'égard des tiers : toutefois quand ils ont ainsi agi d'une manière illégale, la procédure peut être régularisée par l'intervention du propriétaire dans l'instance. Cass. 8 juil. 1819; S. 20, 165. Voir cependant Cass. 19 déc. 1828.

A la différence des détenteurs dont nous venons de parler, *l'emphytéote* a un droit réel sur la chose qu'il détient, et il peut, en conséquence, agir et défendre au possessoire. Cass. 26 juin 1822 et 18 juill. 1832. J. P. de 1832, t. 4.

De même *l'usufruitier*, relativement à son usufruit; il en est propriétaire et il peut défendre sa propriété au pétitoire et au possessoire. Cass. 6 mars 1822; S. 22, 208; Prudhon, t. 1er, p. 21 ; Carré. Droit français, t. 2, p. 565.

Mais *quid* à l'égard de *l'antichrésiste* ? V. *Annales*, t. 1er, p. 262.

Quant au *communiste*, il a incontestablement l'action possessoire contre celui qui convertit la possession commune en possession exclusive. Cass. 10 nov. 1812; 27 juin 1827 et 19 nov. 1828; S. 13, 149, 27, 134 et 29, 109.

Chaque habitant d'une ville ayant un droit personnel à la jouissance des biens communaux, peut également agir au possessoire soit contre un tiers soit contre la commune qui l'aurait troublé dans un droit qu'il prétend lui appartenir. Cass., 9 juin 1820, 12 fév. 1834; *Annales*, t. 1er, p. 67.

L'action en réintégrande n'étant en quelque sorte que la dénonciation d'un délit, ne demande pas la possession civile et peut être exercée par tous les possesseurs ou gardiens en général ; du moins lorsqu'ils ont été dépouillés de l'objet à eux confié, par violence on voies de fait. (Cass. 10 novembre 1819, 16 mai 1820, 26 décembre 1826 ; Henrion, chap. 52). Ils n'ont pas besoin pour cela de justifier de la possession annale. Cass. 16 nov. 1835 ; *Annales*, t. 3, p. 3 et t. 4, p. 64.

L'exercice de l'action possessoire fait partie des attributions des administrateurs. Ainsi ils peuvent former cette action et y défendre sans autorisation spéciale ; notamment les tuteurs (C. civ., 450 et suiv.), et les maris communs en biens, pour ceux de la communauté et pour ceux appartenant à leurs femmes. C. civ., 1421, 1428 , 1549.

Quant aux maires et administrateurs d'établissemens publics. V. *Répertoire*, v^{is} *Maire*, et *établissemens publics*.

Le Code de procédure a formulé un principe depuis longtemps admis, c'est celui-ci: Le possessoire et le pétitoire ne peuvent être cumulés; mais il faut bien se garder de donner à cet article plus de latitude qu'il n'en comporte, et refuser par exemple au juge de paix le droit d'examiner et même dans certains cas d'apprécier les titres de propriété. « Car dans ces occasions, dit M. Henrion de Pansey, ce n'est pas alors le pétitoire qu'il juge c'est un indicateur qu'il consulte.»

Toutefois les actions possessoires doivent être jugées indépendamment et sans mélange des actions pétitoires, sans égard à la connexion intime qu'elles pourraient avoir avec ces dernières, et le juge de paix ne doit jamais renvoyer les parties à faire statuer préalablement sur la question de propriété, sous le prétexte que cette question se lie tellement au possessoire qu'il est impossible de l'en séparer. Cass. 20 juillet 1836; *Annales*, t. 3 , p. 284.

Voyez au reste, comme nous l'avons déjà dit, pour plus amples développemens notre *Répertoire*, v° *Act. possess.* et *Ann.* t. 1er, p. 263, t. 2, p. 196, 202 et 305, et t. 4, p. **166.**

La loi de 1790, qui attribuait aux juges de paix la connaissance des différentes actions dont parle le § 1er de cet art. 6, ne contenait qu'une énumération énonciative des actions possessoires. Aussi ajoutait-elle ensuite : *et de toutes autres actions possessoires.* Les rédacteurs de la loi du 25 mai, en voulant compléter l'article de l'ancienne loi, n'ont fait qu'en obscurcir le sens.

En effet, après avoir indiqué que le juge de paix peut connaître des trois seules espèces d'actions possessoires reconnues dans notre droit français (1), l'art. 6 reproduit ces mots qui terminent le § de la loi de 1790 : *et autres actions possessoires,* est-ce à dire pour cela que l'on ait entendu attribuer à ce magistrat la connaissance d'actions autres que celles connues sous les noms de complainte réintégrande et dénonciation de nouvel œuvre? la preuve du contraire est écrite en toutes lettres dans les discours de présentation et les rapports des commissions qui ont examiné le projet de loi. Est-ce à dire au moins que l'intention du nouveau législateur ait été de revenir, pour statuer sur ces différentes actions, aux règles de notre ancien droit? Pas davantage. Les discussions qui ont eu lieu sur ce § ne peuvent non plus laisser douter un instant que les auteurs de la loi nouvelle aient eu d'autre but que de combler la lacune présentée par la loi de 1790 en sanctionnant les règles admises par la jurisprudence.

Nous arrivons au § 2 de notre article.

Ce § contient ces mots: *Lorsque la propriété ou les titres ne sont pas contestés,* s'appliquent-ils, demanda M. Taillandier à la séance de la Ch. des dép. du 23 avril 1838 , au premier membre de phrase : « Les actions en bornage » ou au second : « Les actions relatives à la distance prescrite par la loi » ou à tous les deux?

L'intention de la commission, comme de toutes celles qui précédemment ont examiné le projet de loi, répondit M. le rapporteur, a été d'appliquer cette disposition à toutes les deux; ainsi ce n'est que quand la propriété n'est pas contestée que le juge de paix connaît des actions en bornage.

Mais alors, répliqua M. Taillandier, je demande à la commission comment elle peut supposer qu'un procès en bornage s'établira lorsqu'il n'y aura pas contestation sur le titre. Il est évident que si l'on pense qu'il y aura contestation sur le titre ou la propriété, il y aura lieu à procès; mais alors cela donnera lieu à mille difficultés de compétence pour savoir s'il y a contestation sur le titre.

Lorsque le titre n'est pas contesté, répondit-on, ou que les parties ne sont pas d'accord sur le lieu du bornage, chacun remet ses titres au juge de paix qui fait une visite des lieux, et qui

ordonne que la borne sera placée à l'endroit déterminé par un expert; si l'on conteste le titre, alors ce sera une question de propriété, il faudra aller devant les tribunaux ordinaires.

Et à la suite de cette discussion le § 2 fut adopté. V. *Mon.* du 24 avril 1838.

Les actions dont parle ce § 2 n'étaient pas soumises à la juridiction des juges de paix par la loi de 1790; il est donc très important de ne pas oublier pour son interprétation, la distinction établie par la commission et sanctionnée par la chambre, et qui n'est pas très clairement indiquée par le texte.

Il faut bien se garder de confondre l'action en bornage, c'est-à-dire l'action qu'a tout propriétaire à l'effet de contraindre son voisin à faire procéder à frais communs au placement des bornes séparatives de deux propriétés contigues (C. c., p. 646) , avec celles en *déplacement de bornes* qui pouvait, comme action possessoire, être soumise à la juridiction de paix même avant la loi de 1838. A la différence de l'action en déplacement de bornes, l'action en bornage peut être intentée par tout ayant droit à la propriété; ainsi le propriétaire indivis, l'emphytéote, l'usufruitier peuvent intenter cette action. *V.* Delvincourt, t. 1er, p. 186. *V.* aussi notre Répertoire, v° *Bornage,* où nous expliquons les formalités du bornage, les effets qu'il produit et les conséquences qu'il entraîne.

Quel est le caractère de l'action en bornage ? Peut-elle être considérée par exemple comme un acte d'administration rentrant dans les attributions du mari? V. *Ann.,* t. 4, p. 34 et 51.

Pour que le juge de paix soit compétent, sur ces sortes d'actions , il faut qu'il ne s'agisse que de la jouissance actuelle des propriétés au jour de la demande ; car si ces actions étaient formées par l'assignation en ces termes : *pour voir ordonner, l'assigné, que le juge de paix fera procéder à l'arpentage des propriétés respectives des parties pour établir sur la ligne les bornes divisoires :* dans ce cas, le demandeur formerait une demande en revendication d'une partie de terrain ; de là la conséquence que le juge de paix s'arrogerait un droit que la nouvelle loi ne lui accorde pas, attendu qu'en pareille matière il s'agirait d'interpréter les titres de propriété, il faut donc dire que les actions en bornage ne doivent et ne peuvent être entendues que dans l'état de la possession actuelle des parties, c'est-à-dire au moment où la demande est formée.

Celui qui a volontairement fait élever une clôture ou a planté une haie pour fermer son héritage, est-il réputé avoir renoncé à demander toute autre limite, de telle sorte qu'il doive être débouté de toute action en bornage ? V. *Ann.,* t. 2, p. 203.

La loi de 1790 n'attribuait au juge de paix comme nous l'avons déjà dit, que la connaissance des usurpations de terres, arbres, haies fossés et clôtures. La loi nouvelle va beaucoup plus loin : elle leur attribue toutes les actions

---

(1) L'action en récréance admise dans le droit romain et par imitation dans notre ancien droit français, ne fut jamais reconnue par les auteurs qui ont écrit depuis la rédaction de nos Codes, et a été formellement rejetée par la Cour suprême par arrêt du 4 août 1819. V. notre *Répertoire,* v° *Actions possessoires.*

résultant des art. 671, 672, 673 et 674 du Code civil. Voici ces articles :

« Il n'est permis de planter des arbres de haute tige qu'à la distance prescrite par les réglemens particuliers actuellement existans, ou par les usages constans et reconnus ; et, à défaut de réglemens et usages, qu'à la distance de deux mètres de la ligne séparative des deux héritages pour les arbres à haute tige, et à la distance d'un demi-mètre pour les autres arbres et haies vives. C. c., 671. »

» Le voisin peut exiger que les arbres et haies plantés à une moindre distance soient arrachés. Celui sur la propriété duquel avancent les branches des arbres du voisin, peut contraindre celui-ci à couper ces branches. »

» Si ce sont les racines qui avancent sur son héritage, il a droit de les y couper lui-même. C. c., 672. »

« Les arbres qui se trouvent dans la haie mitoyenne sont mitoyens comme la haie, et chacun des deux propriétaires a droit de requérir qu'ils soient abattus. C. c., 673. »

» Celui qui fait creuser un puits ou une fosse d'aisance près d'un mur mitoyen ou non ; »

» Celui qui veut y construire cheminée ou âtre, four ou fourneau, y adosser une étable, ou établir contre ce mur un magasin de sel ou amas de matières corrosives, est obligé de laisser la distance prescrite par les réglemens et usages particuliers sur ces objets, ou à faire les ouvrages prescrits par les mêmes réglemens et usages, pour éviter de nuire au voisin. C. c., 674. »

On entend par arbres de haute tige ceux qui s'élèvent à une hauteur assez considérable et dont le tronc ne projette de branches qu'à une certaine distance du sol.

Tels sont par exemple les chênes, les poiriers, les cerisiers, les tilleuls, etc. V. *Ann.*, t. 3, p. 177.

Comme on vient de le voir, il n'est pas permis de planter des arbres à la proximité d'un fonds voisin, si ce n'est en observant la distance prescrite par les réglemens ou usages locaux. Ainsi la loi ne prescrit cette distance qu'à défaut de réglemens ou d'usages.

Il faut donc avant tout recourir aux anciennes coutumes, aux arrêts de réglement par lesquels il aurait été suppléé au silence de ces coutumes, pour juger à quelle distance du fonds voisin une plantation doit être faite. A défaut de réglement écrit sur ce point, il faut suivre les usages, c'est-à-dire, ce que les anciens, les hommes instruits du pays, déclarent avoir été fait en pareil cas, de temps immémorial (Pardess., *Des Servitudes*, n°° 115, 339, 340) ; leur déclaration doit alors être recueillie par la voie d'une enquête que reçoit le juge de paix. Merlin, *Répert.*, v° *Notoriété*, n° 1.

Nous n'entreprendrons pas d'énumérer ces réglemens et ces usages : il en existe autant que de localités et de cultures différentes. Il n'y avait autrefois, et il ne peut y avoir encore aujourd'hui, sur ce point, uniformité de doctrine, ni entre les divers tribunaux, ni même entre les divers jugemens d'un même tribunal. Un principe généralement adopté en cette matière a été de tenir les arbres à telle distance du fonds voisin, qu'ils fussent hors d'état de lui nuire. C'est à cette considération que les tribunaux ont eu sans cesse sous les yeux pour base de leurs réglemens et de leurs décisions. Ils n'ont donc pas dû s'asservir à une règle commune ; au contraire, les distances ont dû varier suivant les localités et les circonstances. Fournel, *du Voisinage*, v° *Arbres*, § 1er.

En cas d'incertitude sur le choix entre divers usages allégués et opposés, dit M. de Longchamp, on doit adopter celui qui est le plus conforme avec la coutume qui régit le territoire voisin. Cette règle n'est écrite nulle part, et nous voyons de grands inconvéniens à ce qu'elle soit suivie ; dans ce cas, nous croyons qu'il est plus sage de revenir au droit commun établi par le Code civil ; car si la variété des usages n'a été maintenue par le code qu'à cause de celle des climats, ce n'est pas une raison pour expliquer l'usage inconnu d'un lieu par celui qui est constant dans un lieu voisin. Pardessus, *ib.*, n° 340; Fournel, *ib.*, v° *Coutume*.

Mais il est possible que, dans quelque lieu, il fût d'usage constant de n'observer aucune distance pour la plantation des arbres, cet usage serait-il maintenu ? Non, car la loi exige en principe qu'il y ait une distance : sa disposition abolit donc l'usage qui n'en prescrivait aucune. Pardessus, *loco citato*.

Toutefois les usages qui prescrivaient des distances moindres que celles que l'art. 671 du Code civil, a déterminées, ne sont pas moins conservés que ceux qui exigeaient des distances supérieures. Mais un usage doit être restreint au cas qu'il prévoit ; s'il ne s'applique qu'à l'égard des plantations de haies, s'il est muet en ce qui touche les arbres à haute tige, on doit l'appliquer aux plantations de la première espèce, et régler celle-ci par la disposition de l'art. 671 du Code civil, *et vice versâ*. Pardessus, *loco citato*.

Le propriétaire d'un fonds sur lequel s'étendent les branches d'un arbre planté sur le fonds voisin, peut-il couper ces branches à son profit et si l'arbre produit des fruits qui tombent dans son héritage, ces fruits lui appartiennent-ils ? V. *Annales*, t. 3, p. 28.

Le § 4 de cet article fut, tant à la Chambre des pairs qu'à la Chambre des députés, l'objet de nombreuses critiques.

« La connaissance des demandes en pension alimentaire objectait M. le comte Roy, est une attribution exorbitante, et va bien au-delà de ce qui a été accordé jusqu'à présent à la compétence des justices de paix.

» S'il s'agissait du paiement des arrérages des pensions alimentaires accordées, ajoutait M. le comte de Portalis, je comprendrais l'article, mais s'il s'agit de leur fixation, c'est le droit d'en arbitrer la quotité que l'on accorde au juge de paix ; or, en matière de pensions alimentaires, il y a nécessairement deux intérêts en présence, et la position des juges de paix n'est point assez élevée, n'est point assez indépendante pour qu'il puisse résister à ces deux influences et peser avec cette impartialité si nécessaire aux juges, les différens argumens des parties. S'il s'agissait d'établir une espèce de tribunal domestique, qui statuerait dans des limites déterminées, je comprendrais qu'on lui attribuât cette compétence; car il serait désirable que dans les questions de famille, il n'y eût point de scandale qui attirât l'attention publique. Mais ici vous ne donnez cette attribution au juge de paix qu'à charge d'appel, de sorte que quand les mauvaises passions s'en mêleront, il est évident que la connaissance de ces affaires ne restera pas renfermée dans le prétoire.» V. *Mon.* du 6 fév. 1838.

«Il y a des questions qu'il ne faut pas considérer seulement sous le point de vue de la quantité qu'emporte l'obligation qu'elle impose. Eh bien! pourquoi sortir pour ces sortes d'actions de la règle ordinaire? On ne voit pas ce que l'on gagnera à les faire juger par les juges de paix à la charge d'appel, jusqu'à concurrence de 150 fr., lorsqu'il est évident que dans tous les cas il y aura appel au tribunal de première instance, qui seul terminera la contestation; ce ne sera donc qu'un circuit de procédure». V. *Mon.* du 25 juin 1837.

Ces objections ont quelque force et l'autorité des deux honorables membres dont elles émanent leur donnent encore plus de poids; néanmoins elles n'empêchèrent pas l'adoption du paragraphe proposé.

Voici en résumé les raisons qui déterminèrent cette adoption, développées et reproduites à plusieurs reprises par M. le garde-des-sceaux, le rapporteur de la commission et par MM. les présidens Boyer et Séguier, elles nous semblent sans réplique, et nous invitons MM. les juges de paix à les relire avec soin car elles nous paraissent caractériser d'une manière claire et précise leur juridiction dans ces sortes de causes.

«Lorsqu'il s'agit de fixer une pension alimentaire, il ne faut pas voir seulement la quotité de la somme : comme elle doit être acquittée pendant un grand nombre d'année, la question prend plus d'importance; il ne faut pas voir non plus, le point de vue pécuniaire seulement; comme il s'agit de procès entre parens et enfans, il faut aussi considérer la question sous le point de vue moral, car les cas prévus par les art. 205, 206 et 207 du Code civil sont ceux où des parens demandent des alimens à leurs enfans. Il est évident alors qu'il ne faut pas multiplier ces procès; mais d'un autre côté, il faut qu'il y ait une justice domestique, paternelle, qui ait le moins de retentissement possible, parce qu'il naît de ces procès un scandale qu'il faut éviter. Aujourd'hui quand une contestation de ce genre s'élève dans la campagne, ne fût-ce même que pour 50 fr., le tribunal civil en est saisi, eh bien! il peut arriver, il arrive souvent que l'extrême misère d'un père

le prive de porter à la ville un procès qui est dicté par des besoins supérieurs. Le juge de paix qui est le juge du lieu, qui connaît la situation des familles, fera dans cette situation, entendre de bonnes paroles; on se rendra à son avis, il n'y aura point de scandale, point de jugement; et en supposant même qu'il y ait jugement, point d'appel, soyez en sûr; celui qui aura refusé des alimens à son père, et qui aura été condamné par le juge de paix à lui payer une pension alimentaire de 100 fr., ne se résoudra pas à appeler, à aller devant les tribunaux porter en appel le scandale de ses refus. On a dit que ce qu'il y avait d'excellent dans la juridiction des juges de paix c'était les préliminaires de conciliation, mais dans ces sortes d'affaires, les relations du juge avec les justiciables, doivent avoir et auront presque toujours le caractère de ces préliminaires.

« En second lieu, pour que la pension puisse être efficace, il faut qu'elle s'élève à une somme suffisante pour faire vivre le père de famille, or on a calculé que dans le plus grand nombre des cas, on accorde une somme de 10 à 12 fr. par mois, ce qui porte la somme annuelle à 120 et 144 fr. C'est ce qui a décidé la commission à fixer le chiffre à 150 fr. Les contestations dont il s'agit sont communes dans la campagne. Il y a un grand nombre de cantons où il est presque d'un usage général que quand le père de famille est arrivé à un grand âge, il prend le parti de se démettre en faveur de ses enfans, de son petit bien, à la condition d'une pension alimentaire. Mais il est facile de comprendre combien il est utile pour un paysan, de trouver près de lui des juges locaux, dont la juridiction, comme on l'a fait observer, est presque domestique, et de ne pas être obligé d'aller plaider à grands frais devant les tribunaux ordinaires. La juridiction des juges de paix dans ce! circonstances est nécessaire, utile, morale, et tout ce qu'il y a de paternel dans cette juridiction la rend applicable alors.» V. *Mon.* des 25 juin 1837 et 6 février 1838.

La compétence du juge de paix sur ce point se trouve restreinte dans des bornes assez étroites, puisque toute demande qui ne sera pas formellement basée sur les articles indiqués et rapportés plus haut, doit être rejetée; cependant la loi nouvelle doit-elle n'être appliquée qu'aux cas nominalement indiqués par elle, et ne peut-on pas, au contraire, étendre la juridiction des justices de paix aux cas qui présenteraient quelque analogie avec ceux énumérés? Non, sans aucun doute; mais il faut toutefois remarquer que les dispositions des art. 205, 206 et 207 du C. civil, concernent les enfans naturels et adoptifs, aussi bien que les enfans légitimes, et que par conséquent le juge de paix sera compétent pour statuer dans les limites tracées par la loi du 25 mai, aussi bien sur la demande des premiers que sur celles des derniers, et réciproquement; l'analyse que nous venons de faire de la discussion qui a eu lieu sur ce point prouve que telle a été l'intention des auteurs de la loi. V. pour ce qui a rapport à la solidarité en matière d'alimens, notre *Répert.* v° *Pension aliment.* et *Annales*, t. 1er, p. 1re, 18, 50, 102 et 211 ; t. 3, p. 173, et t. 4, p. 4.

ARTICLE SEPT.

Les juges de paix connaissent de toutes les demandes reconventionnelles ou en compensation qui, par leur nature ou leur valeur, sont dans les limites de leur compétence, alors même que, dans les cas prévus par l'art. 1er, ces demandes, réunies à la demande principale, s'élèveraient au dessus de 200 fr.

Ils connaissent, en outre, à quelques sommes qu'elles puissent monter, des demandes reconventionnelles en dommages et intérêts fondées exclusivement sur la demande principale elle-même.

M. Mimaud avait proposé (V. *Mon.* du 24 avril 1838) un amendement qui détruisait complétement le système admis par la loi nouvelle dans les art. 7 et 8. Il consistait à dire, *que le juge de paix devrait, lorsque la demande reconventionnelle ou en compensation excéderait les limites de sa compétence, renvoyer les parties à se pourvoir sur le tout devant le tribunal de première instance.* Nous allons donner sur le tout les motifs qu'il développait pour l'appuyer, parce qu'ils serviront d'explication à ce que nous ajouterons sur cet article.

« L'art. 7, disait-il, prévoit le cas où les demandes reconventionnelles et en compensation restent dans les limites fixées par l'art. 1er, même quand leur réunion excéderait la somme de 200 fr.

» Cet article décide en outre que ces demandes seront soumises aux juges de paix, à quelque somme qu'elles puissent monter, lorsqu'elles sont exclusivement fondées sur la demande principale.

» L'art. 8 pose les limites du premier et du dernier ressort, mais le § 3 consacre un principe qui déroge à tous ceux qui ont été précédemment établis, et donne ouverture aux plus graves inconvéniens.

» Il y a danger pour les justiciables, qu'on soumet à la fois à deux juridictions différentes, qui peuvent envisager la question sous des rapports divers et lui donner une solution contraire ; augmentation de frais, contradiction possible dans les décisions à rendre, ce qui nuirait évidemment à la dignité de la magistrature : tels sont les inconvéniens inséparables de cette disposition.

» Admettre ce paragraphe, c'est renverser tous les principes qui veulent qu'en matière de compétence, rien ne puisse être laissé à l'arbitrage du juge. La compétence est de droit étroit ; donner au juge de paix la faculté de l'étendre, c'est violer l'un des principes les plus fondamentaux de notre législation.

» Mais ce qu'il y a de plus grave encore, c'est que vous détruisez ainsi tous les effets de la compensation, et consacrez le triomphe de la fraude sur la bonne foi, en mettant le véritable créancier dans l'impossibilité de recouvrer sa créance, et même en le forçant à débourser de nouveau une somme qu'il ne doit pas.

» Je sais bien que la commission a eu pour objet d'éviter que le défendeur de mauvaise foi pût ainsi échapper au dernier ressort en formant une demande reconventionnelle qui n'aurait aucune réalité. Mais, pour éviter cet inconvénient, on tombe dans un abus contraire qui est bien plus grave à mon avis ; car non seulement on détruit tous les avantages de la compensation, mais on renverse ce principe fondamental, que le juge de l'action doit toujours être le juge de l'exception, qui n'est en réalité qu'un moyen de défense, que le juge peut seul apprécier.

» J'aimerais mieux, malgré la nouvelle extension que recevraient les attributions des juges de paix, que je trouve déjà bien étendue, j'aimerais mieux les autoriser à prononcer à la fois sur les demandes principales et en compensation, à la charge de l'appel. »

» Il est impossible, répondit M. le rapporteur, d'admettre l'amendement sans retrancher la disposition introduite relativement aux demandes reconventionnelles, sans dénaturer toutes les attributions données aux juges de paix ; car l'amendement qui est proposé ne tendrait à rien moins qu'à donner la faculté d'éluder indéfiniment la compétence du juge de paix, et à faire renvoyer les parties devant une juridiction que l'on a voulu éviter.

» Qu'a voulu prévoir la disposition de l'art. 8 ? Elle s'est placée dans plusieurs hypothèses. Lorsque les parties forment des demandes respectives, si toutes ces demandes sont de la compétence du juge de paix, en dernier ressort, il prononce sur toutes définitivement. Si, au contraire, l'une d'elles est seule dans la compétence en premier ressort, le juge prononce en premier ressort. Si l'une des demandes se trouve n'être plus de la compétence du juge de paix, alors le juge de paix examine. Si , par exemple, il croit que la demande reconventionnelle n'a été formée que pour soustraire le débiteur au paiement, pour le délivrer de la compétence , alors le juge de paix prononce la condamnation sur la demande principale, pour laquelle il etait compétent d'après la loi générale, et renvoie aux juges ordinaires pour la demande reconventionnelle.

» Pourquoi avons-nous introduit cette disposition dans la loi ? C'est en vue des nouveaux articles votés. Lorsqu'il s'agit d'une demande en paiement d'alimens, d'une demande en paiement de frais de nourrice ou d'une demande en paiement de salaires d'ouvriers, admettez-vous que le défendeur puisse, par une demande reconventionnelle , éluder le paiement qu'on lui demande, et cela, jusqu'à ce que les tribunaux civils aient prononcé ? Admettez-vous qu'il puisse obtenir un délai de trois, quatre ou cinq mois, et neutraliser une demande légitime qui a pour but un paiement nécessaire à l'ouvrier pour vivre et faire vivre sa famille, nécessaire à la nourrice pour qu'elle puisse subsister ? Nous ne l'avons pas cru : nous avons pensé qu'il fallait diviser la compétence et plutôt briser un principe que de commettre une injustice ; qu'il y avait lieu à prononcer sur la demande principale, et à renvoyer pour la demande reconventionnelle ou l'exception devant le juge ordinaire. Il n'y a à cela aucun inconvénient.

» L'objection tirée de la compensation ne peut être réelle que quand le mérite des deux demandes est reconnu ; si le mérite de l'une d'elles est contesté, l'objection ne peut s'appliquer, car la compensation est mise en question.

D'après les textes trop vagues de la loi de 1790, il était généralement admis que la demande déterminerait la compétence du juge de paix, mais que devait-on comprendre dans cette expression : *demande* ? La réponse à cette question a fait soutenir des opinions bien opposées, cependant on était arrivé à reconnaître successivement les propositions suivantes : 1° la demande s'entend non seulement de ce qui est consigné dans l'exploit introductif d'instance , mais aussi de toutes les réclamations formées pendant cette instance; 2° elle s'entend non seulement de celles consignées dans la procédure du demandeur, mais encore de toutes celles reconventionnellement formées par le défendeur; 3° c'est-à-dire, de tout ce qui se trouve soumis à la décision du juge, sur les dernières conclusions contradictoires des parties.

On voit que les rédacteurs de la loi nouvelle ont rejeté le système admis sur ce point par la jurisprudence.

En expliquant ce que c'est que la compensation et la reconvention, nous allons voir que le système qui a présidé à la rédaction des art. 7 et 8 de la loi du 25 mai, ne présente pas les inconvéniens qu'on s'est plu à signaler, et est tout aussi rationnel que celui que la jurisprudence avait fait admettre en torturant les textes.

On appelle *compensation* un paiement réciproque et fictif, qui s'opère entre deux personnes débitrices l'une envers l'autre. C. civ., 1289.

Elle est fondée sur l'équité, car elle a pour but d'éviter les procès qu'une partie serait obligée d'intenter pour se faire rendre ce qu'elle aurait payé. Pour atteindre ce but, la loi veut que la compensation ait lieu de plein droit. C. civ., 1290.

Toutefois , dans certains cas, la compensation n'a lieu que quand elle est opposée par voie *d'exception et de reconvention*. Il y a donc deux espèces de compensations, celle qui a lieu de plein droit, et qu'on nomme légale, et celle qui s'appelle facultative et qui a besoin d'être prononcée par les tribunaux.

La compensation légale a lieu dès que deux personnes se trouvent mutuellement débitrices l'une de l'autre. Elle éteint les deux dettes jusqu'à due concurrence. C. civ., 1290.

Elle peut être opposée en tout état de cause sur l'appel, et même après la condamnation.

Ayant lieu de plein droit, elle produit ses effets du jour où elle s'opère et non du jour où elle est opposée, ce qui est important pour les intérêts des sommes dues, et pour les droits des tiers.

Mais, pour qu'elle s'opère , il faut que les deux dettes aient également pour objet une somme d'argent ou une certaine quantité de choses fongibles de la même espèce (C. civ., 1291). Ou bien encore une quantité de choses non fongibles mais indéterminées et de même espèce.

Pour qu'il y ait lieu à compensation, les deux dettes doivent encore être liquides (art. 1291). Si l'une, seulement des dettes est liquide, il y a lieu à *reconvention* et non à *compensation*.

Du reste, une mauvaise chicane ne doit point priver un débiteur du bénéfice de la compensation ; aussi l'admet-on lorsque celui qui l'oppose est en état de justifier promptement et sommairement de l'existence de la dette. Le juge alors décide s'il y a ou non dette, et dette liquide. Cette règle doit, ce nous semble, être rigoureusement suivie devant la juridiction des justices de paix.

On a jugé, cependant, que les tribunaux ne peuvent pas arrêter les poursuites qu'un propriétaire dirige contre son fermier en paiement des fermages , en ordonnant l'estimation par experts d'une indemnité que le fermier prétend lui être due pour défaut de réparations dans le bien affermé, et qu'il oppose en compensation (Bourges, 25 novembre 1814, D., A., 10, 625, n. 2 ; D., P., 2, 820, n. 1). Cet arrêt doit, selon nous, faire jurisprudence devant les tribunaux de paix.

Il faut encore, pour que la compensation puisse s'opérer, *que les deux dettes soient également exigibles* (Art. 1291). Toutefois, nous croyons que, sur ce point comme sur le précédent, l'esprit conciliateur du juge de paix doit modérer la rigueur de la loi.

La compensation facultative est celle qui, ne s'opérant pas de plein droit, est demandée, soit par voie d'exception, soit par la reconvention. Elle n'a d'effet que du jour où elle est opposée ou demandée.

La compensation par voie d'exception, ou facultative, date du jour de la demande, si c'est le demandeur en compensation qui pouvait la refuser; elle date du jour du consentement, lorsque c'est le défendeur à la compensation qui pouvait opposer un refus. *V.* Dalloz, v° *Compensation.*

Elle s'applique au déposant devenu débiteur du dépositaire, au prêteur à usage, à l'héritier bénéficiaire, aux dettes de choses fongibles de diverses espèces, aux dettes alternatives de la part d'un des contractans seulement, aux dettes non échues, mais que l'une des parties peut rendre exigibles en renonçant au délai stipulé en sa faveur. *V.* Dalloz, *loco citato.*

La compensation entre deux dettes payables en des lieux différens se fait de plein droit.

A la différence de la compensation légale, la compensation facultative a lieu dans le cas où les créances réciproques ne sont point personnelles aux deux parties. Delv., t. 2, p. 582, Toullier, t. 7, n. 403; Pardessus, n. 231; D., A. 10, 632, n. 4.

Ainsi, lorsque le défendeur, qui a des prétentions à élever contre le demandeur, ne se trouve pas en position d'invoquer la compensation, il peut former une action reconventionnelle.

Mais il faut distinguer trois espèces de reconventions : 1° celle qui a lieu pour obtenir ce qui reste dû après compensation légale de deux créances inégales; 2° celle formée pour parvenir à la compensation d'une dette contestée, non liquide ; 3° enfin celle qui a pour objet de rendre le tribunal saisi par le demandeur, compétent pour prononcer sur toute prétention, même non connexe, du défendeur. Toullier, t. 7, n. 350 et suiv.; n° 408 et suiv.; Henrion, *Aut. judic.;* Duranton, *des Contr.,* n. 980 et 981.

Suivant M. Henrion de Pansey (*Compétence des juges de paix,* ch. 8), c'est toujours la valeur de la demande originaire qui détermine le degré de juridiction, sans aucun égard aux demandes reconventionnelles. Il considère la reconvention comme une prorogation tacite de juridiction, qui doit avoir le même effet qu'aurait une prorogation expresse.

Merlin, *Quest. de droit,* v° *Dern. ressort,* a adopté cette doctrine; il invoque à l'appui la loi 11, § 1, *de Jurid.,* l'autorité de Voët, et l'usage des anciens présidiaux.

Mais, la jurisprudence, comme nous l'avons dit en commençant, avait décidé, au contraire, que la demande reconventionnelle et la demande primitive devaient être cumulées pour déterminer le degré de juridiction. *V.* aussi *Ann.* t. 5, p. 113, Loi du 11 avril 1838, relative aux tribunaux de première instance.

Cette jurisprudence, au sujet des demandes reconventionnelles, repose sur ces idées, 1° que le défendeur doit jouir de tous ses droits et privilèges, soit qu'il agisse reconventionnellement, soit qu'il agisse par voie principale; 2° que l'intérêt des parties et de la justice exigent qu'il ne soit pas fait deux procès là où un seul peut suffire ; 3° qu'il y aurait déraison et injustice à condamner le défendeur à payer, alors qu'il est créancier lui-même et que le demandeur peut être insolvable.

Mais, ces motifs reconnus, dit Dalloz, ne semble-t-il pas que chaque demande doive être envisagée isolément pour la fixation du ressort?

Qu'ainsi une demande principale de 600 fr., et une demande reconventionnelle de 600 fr., doivent être jugées en dernier ressort par les tribunaux de première instance, quoique, réunies, elles excèdent 1,000 fr.

Et n'est-ce pas seulement dans le cas où, soit l'une, soit l'autre est au dessus de 1,000 fr., qu'il doit y avoir lieu aux deux degrés?

En cas d'affirmative, ne doit-on pas décider aussi que d'après le principe de la divisibilité des chefs d'un jugement, il doit y avoir un jugement distinct sur chaque demande?

Et, qu'en conséquence, l'attribution des deux degrés à l'égard de l'une, n'empêche pas que l'autre ne soit jugée en dernier ressort, sauf le cas où les matières sont indivisibles?

D'un autre côté, la relation qui existe communément entre les deux demandes et les subtilités pratiques auxquelles la théorie de la divisibilité ou l'indivisibilité donne lieu, ne doivent-elles pas faire adopter la jurisprudence qui détermine le ressort d'après les deux demandes réunies?

Nous avons toujours incliné pour le système de la divisibilité de chaque demande; et ce système paraît sans inconvéniens, car les subtilités qu'on pourrait craindre ne se rencontrent guère que dans les demandes d'une valeur indéterminée, lesquelles sont toujours sujettes aux deux degrés de juridiction. C'est aussi ce système qui est admis par l'article dont nous nous occupons.

ARTICLE HUIT.

Lorsque chacune des demandes principales, reconventionnelles ou en compensation, sera dans les limites de la compétence des juges de paix en dernier ressort, il prononcera sans qu'il y ait lieu à appel.

Si l'une de ces demandes n'est susceptible d'être jugée qu'à charge d'appel, le juge de paix ne prononcera sur toutes qu'en premier ressort.

Si la demande reconventionnelle ou en compensation excède les limites de sa compétence, il pourra soit retenir le jugement de la demande principale, soit renvoyer, sur le tout, les parties à se pourvoir devant le tribunal de première instance, sans préliminaire de conciliation.

Cet article n'est que la conséquence de celui qui précède, nous n'avons donc peu de chose à ajouter sur ce point à ce que nous avons dit à l'occasion de ce dernier article.

Cependant nous devons tenir compte d'une objection qui fut faite à la chambre des députés à l'occasion de son troisième paragraphe.

Les attributions données au juge de paix par ce paragraphe, dit M. Muteau (*Mon.* du 18 avril 1837), peuvent tendre à dénaturer l'action. Ainsi, le juge de paix, en renvoyant l'action reconventionnelle devant le tribunal de première instance et en conservant par devers lui l'action principale, fera de l'action reconventionnelle, l'action principale.

« Il peut se faire, répondit M. Renouard, rapporteur, que l'action reconventionnelle, lorsqu'elle excède la compétence du juge de paix, soit jugée par lui; mais, la demande principale qui s'y trouve liée étant dans sa compétence, c'est à lui à examiner si la demande reconventionnelle est faite sérieusement ou seulement pour retarder et empêcher le jugement de l'action principale. Il fallait placer quelque part l'appréciation de ce fait, et ne pas refuser de rendre justice aux parties pauvres qui seraient entraînées devant un tribunal par un adversaire puissant et qui ne craindrait pas les frais. C'est pour cela que le projet tend à conférer aux juges de paix l'appréciation de cette difficulté préliminaire, afin de pouvoir donner cours au jugement de l'action principale, si la demande reconventionnelle lui semble introduite à l'effet de gagner du temps. »

Ainsi, et c'est ici le point capital de la question, lorsque le défendeur opposera à la demande une autre demande reconventionnelle qui excèdera la limite de la compétence du juge de paix, il ne doit pas, par cela seul qu'elle excède sa compétence, en débouter le défendeur et le renvoyer à faire valoir ses droits devant qui de droit; mais il doit examiner, de même que s'il pouvait la juger, si cette demande est sérieuse, réelle, bien fondée en titres ou en présomptions, et ne prononcer sur la demande principale et originaire, que dans le cas où celle reconventionnelle ne lui paraîtrait nullement justifiée. Les juges de paix ont à faire sur ce point une appréciation qui sera souvent difficile et qu'ils doivent se garder de faire avec précipitation.

D'un autre côté, pour que le renvoi de la demande reconventionnelle puisse être prononcé, il suffit que cette demande excède la compétence des juges de paix, à *raison de la valeur* ou à *raison de la matière;* il ne peut sur ce point y avoir de difficultés. *V.* art. précédent.

V. aussi *Répertoire de la science des Juges de Paix,* v° *Compensation* et enfin *Annales* t. 2, p. 174 et 258, et t. 3, p. 90.

ARTICLE NEUF.

Lorsque plusieurs demandes formées par la même partie seront réunies dans une même instance, le juge de paix ne prononcera qu'en premier ressort, si leur valeur totale s'élève au dessus de 100 fr., lors même que quelqu'une de ces demandes serait inférieure à cette somme. Il sera incompétent sur le tout, si ces demandes excèdent, par leur réunion, les limites de sa juridiction.

Lorsqu'une demande formée *contre une seule personne* par une ou plusieurs autres, a pour objet plusieurs sommes dont chacune est inférieure à 1000 fr. (100 fr. s'il s'agit de la justice de paix), mais qui, réunies, excèdent cette valeur, le tribunal peut-il prononcer en dernier ressort? Non, suivant la plupart des auteurs : les différentes sommes ayant été réunies dans une même demande, il n'y a qu'une seule action et une seule instance; et c'est cette action qui doit régler la juridiction. D'anciens auteurs ont fait exception à cette règle, pour le cas où l'exploit de demande détaillait et divisait les sommes ; mais cette exception est aujourd'hui généralement rejetée. D. A. 4. 664, n° 2 ; Merlin, *Répertoire*, v° *Dernier ressort*, § 6 ; Henrion, *Compétence des Juges de Paix*, ch. 13 ; Carré, art. 281, n. 300, et art. 316, n. 384.

Toutefois M. Foucher, dans ses notes sur Carré, t. 4, p. 300, s'élève fortement contre cette doctrine : « Ou les divers chefs de demande, dit-il, ont pour objet une cause commune, ou un titre commun, ou ces chefs de demande s'appuient sur des droits, ou titres, ou causes distinctes : dans la première espèce, toutes les réclamations du demandeur ayant une source commune et étant élevées au même titre, le jugement sera rendu en premier ou en dernier ressort, suivant que le comportera la demande envisagée dans toutes les parties réunies. Dans la deuxième espèce, chacun des chefs de demande formant autant de demandes distinctes, on n'a pu modifier la compétence du tribunal à l'égard de chacune par leur réunion dans un même exploit, ou par leur jonction pendant l'instance ; et c'est le cas d'appliquer l'adage, *tot capita, tot sententiæ*...»—On lit aussi dans le *Code de compétence* de M. Jourdain : « Plusieurs sommes provenant de causes différentes, sont réunies dans la même demande ; si le demandeur en avait fait autant d'instances séparées, chacune d'elles aurait été jugée en dernier ressort ; les ayant réunies dans la seule vue d'économiser les frais, perd-il cet avantage ? Non, la divisibilité le lui conserve. »—Ceci paraît exact, à moins qu'il n'y ait indivisibilité des titres.

Si la demande introduite par plusieurs demandeurs, soit par un seul exploit, soit par plusieurs dont la jonction aurait été ordonnée, a pour objet des créances personnelles ou divisibles sur chaque demandeur, et si elle ne dépasse le dernier ressort que par la réunion des diverses sommes formant la totalité de la demande, le jugement, dit encore M. Foucher, sera rendu en dernier ressort, parce que la réunion de plusieurs créanciers ne peut avoir pour effet de changer la compétence des juges à l'égard de chacune des demandes ; car la demande se divise par la pensée, aux yeux de la loi, en autant de demandes qu'il y a de parties demanderesses.

La jurisprudence est jusqu'ici généralement conforme au système de Carré, et contraire, par conséquent à celui de M. Foucher.

Elle est conforme du reste à l'opinion de M. Henrion de Pansey (p. 78), qui après s'être posé la question résolue par l'art. 9, la décide aussi dans le même sens en s'appuyant sur le commentateur de nos anciennes ordonnances, (Rebuffe), et sur l'art. 1342 du Code civil,

Voici deux arrêts qui serviront à faire bien comprendre l'application de cet article : « Lorsque plusieurs particuliers ont, par un même exploit, demandé devant le juge de paix que les dommages causés à leurs champs fussent constatés, et qu'ensuite, par des exploits séparés, chacun a conclu à une somme différente par réparation du dommage, le juge de paix prononce en dernier ressort sur la demande de celui qui conclut à une somme moindre de 50 fr. quoique le jugement interlocutoire rendu pour la contestation du dommage-intérêt ait été commun à ceux qui ont demandé des sommes supérieures à 50 fr. Cass. 17 novembre 1813.

C'est devant le tribunal civil, et non devant le juge de paix, qu'à dû être portée la demande d'une somme supérieure à 500 fr. intentée contre plusieurs héritiers, sans expliquer qu'ils sont tenus individuellement, chacun pour sa part, dans la succession, encore bien qu'en réalité la somme due par chacun soit au dessous de 100 fr. Pau, 17 juin 1828.

ARTICLE DIX.

Dans les cas où la saisie-gagerie ne peut avoir lieu qu'en vertu de permission de justice, cette permission sera accordée par le juge de paix du lieu où la saisie devra être faite, toutes les fois que les causes rentreront dans sa compétence.

S'il y a opposition de la part du tiers, pour des causes et pour des sommes qui, réunies, excéderaient cette compétence, le jugement en sera déféré aux tribunaux de première instance.

Cet article n'est que la conséquence du § 2 de l'art. 3 après lequel il eut dû peut-être se trouver placé.

La cour suprême consultée sur le projet de loi d'organisation judiciaire dont nous avons déjà plusieurs fois parlé, déclara, dans les observations qu'elle présenta sur chacun des articles de ce projet, qu'il était impossible de voir le moindre inconvénient à attribuer juridiction aux juges de paix en matière de saisie-gagerie les Cours royales ne firent non plus aucune objection contre cette innovation. V. *Annales* t. 2, p. 320.

L'article présenté par le gouvernement, voulait que le juge de paix renvoyât devant le tribunal de 1re instance *toutes les fois qu'il y avait opposition à la saisie de la part d'un tiers ;* mais, sur l'observation faite par la commission, qu'une rédaction aussi générale enlèverait à la juridiction des juges de paix la plus grande partie des causes qu'on avait intention de lui soumettre, l'article fut modifié ainsi qu'il est plus haut rapporté, et voté sans aucune opposition.

La saisie-gagerie ayant été jusqu'à ce jour une chose entièrement étrangère aux juges de paix, nous allons ici indiquer sommairement ce que c'est que la saisie-gagerie, quand et comment et par qui elle peut être pratiquée.

On appelle *saisie-gagerie* la saisie pratiquée sur les meubles et effets ou fruits étant dans la maison ou sur la terre du propriétaire, afin qu'ils ne puissent être ni déplacés ni enlevés au préjudice de leurs droits.

Les propriétaires ou principaux locataires de maisons ou biens ruraux, soit qu'il y ait bail, soit qu'il n'y en ait pas, peuvent, un jour après le commandement, et sans permission du juge, faire saisir-gager, pour loyers et fermages échus, les effets et fruits étant dans lesdites maisons ou bâtimens ruraux ou sur les terres.

Ils peuvent même faire saisir - gager, à l'instant, en vertu de la permission qu'ils en auront obtenue sur requête du président du tribunal de première instance. Ils peuvent aussi saisir les meubles qui garnissaient les maisons ou la ferme, lorsqu'ils ont été déplacés sans leur consentement; et ils conservent sur eux leur privilége, pourvu qu'ils en aient fait la revendication conformément à l'art. 2,102 du Code civil, c'est-à-dire lorsqu'il s'agit du mobilier d'une ferme, dans le délai de quarante jours, et dans celui de quinze jours lorsqu'il s'agit de meubles garnissant une maison. C. de pr. civ., art. 819.

Les propriétaires peuvent encore saisir-gager les effets des sous-locataires et sous-fermiers garnissant les lieux par eux loués et les fruits des terres qui auraient été sous-louées, pour le paiement des loyers ou fermages qui leur sont dûs : mais les sous-locataires ou sous-fermiers peuvent exiger la main-levée de cette saisie en justifiant qu'ils ont payé sans fraude, sans pouvoir opposer toutefois les paiemens faits par anticipation. Code de pr., 820.

La saisie-gagerie doit être faite en la même forme que la saisie-exécution : par conséquent c'est le juge de paix du lieu de la saisie qui doit connaître de la demande en validité ou en main levée. Code de pr., art. 608 et 825.

Toutes les formalités voulues pour la validité des saisies-exécutions, doivent être accomplies lors des saisies-gageries et les cas de nullités applicables aux premières sont communs à ces dernières. *V.* Code de pr., art. 583 et 825.

Le saisi peut être constitué gardien. S'il y a des fruits, elle doit être faite dans la forme de la saisie-brandon. Code de pr. 821.

Tels sont les textes du code de procédure qui régissent aujourd'hui la matière des saisies-gageries.

Dans le cas où il existerait des meubles et des fruits en même temps, ne doit-on faire qu'une seule et même saisie, soit en forme de saisie-gagerie, soit en forme de saisie-brandon ? On a fait observer avec raison que la rédaction de l'art. 821 du code de procédure pouvait, grammaticalement parlant faire naître quelque doute sur cette question, mais on a dit aussi que cette interprétation ne pouvait sérieusement être faite en présence des principes généraux du droit et de la procédure, et nous n'hésitons pas à adopter cet avis. *V.* notre *répertoire*, vo *Saisie-exécution.*

Le titre 2, livre 1er 2e, partie du Code de procédure civile, s'occupe, outre la saisie-gagerie, d'un autre genre de saisie qui a beaucoup de rapports avec cette dernière. Nous voulons parler de la saisie que tout créancier, même sans titre, peut, sans commandement préalable, mais avec permission du président du tribunal de 1re instance, et même du juge de paix, faire pratiquer sur les effets trouvés en la commune qu'il habite et appartenant à son débiteur. Code de procédure civile, art. 822.

Dans le cas de cette dernière saisie, le juge de paix pourra-t-il aussi connaître de la demande en validité dans les limites de l'art. 3 de la présente loi ? Les raisons qui ont fait attribuer aux juges de paix la compétence des demandes en validité de saisie-gagerie, militent tout aussi fortement en faveur de cette dernière saisie et l'assimilation qui est faite de l'une et de l'autre par le Code de procédure civile viendrait à l'appui de ces raisons. Mais cependant, dans l'état de la loi nouvelle et tout en regrettant que sur ce point la compétence des justices de paix n'ait pas reçu une extension des plus utiles, nous ne croyons pas que le juge de paix, après avoir permis la saisie, ait le droit de statuer ni sur la validité d'icelle, ni sur les oppositions que rencontrerait l'exécution de son ordonnance.

Revenons maintenant à la saisie-gagerie. Pour pouvoir opérer une saisie-gagerie il faut être propriétaire actuel ou principal locataire. Celui qui a cessé de l'être, ne peut plus, à moins qu'il n'ait fait des réserves expresses, saisir-gager pour loyers échus lorsqu'il avait cette qualité. Nîmes, 31 janvier 1820, Orléans 21 mai 1838; Dalloz, t. 11, p. 664.

Cette saisie doit être faite dans les mêmes formes que la saisie-exécution : le commandement qui précède la saisie doit donc contenir élection de domicile jusqu'à la fin de la poursuite, dans la commune où doit se faire l'exécution, si le créancier n'y demeure pas, et le débiteur peut faire à ce domicile élu toutes significations même d'offres réelles et d'appel.

Argument des art. 584 et 821, Code de proc. combinés.

Peut-on saisir-gager pour loyers à échoir ? M. Carré, à tort selon nous, répond affirmativement à cette question. Le droit de saisir-gager est un droit exorbitant, extraordinaire, exceptionnel, et, comme tous les droits de cette nature, il ne peut être exercé que dans les termes et limites formellement exprimés par la loi. Or, l'art. 819 du Code de procédure n'autorise cette saisie que pour loyers et fermages échus.

M. Bioche (*Dictionnaire de procédure*, v°. *Saisie-gagerie*) enseigne qu'on peut saisir-gager même pour réparations locatives, et, en général pour tout ce qui concerne l'exécution du bail ; les considérations qui nous ont fait repousser la solution admise par M. Carré pour les loyers à échoir, nous font rejeter également le système de M. Bioche ; nous ajouterons spécialement que, dans une poursuite de saisie-gagerie, de même que dans toutes poursuites, il n'est permis d'agir que pour des choses liquides et certaines. Orléans, 10 décembre 1812 ; Dalloz, v° *saisie-gagerie*.

Peut-on saisir-gager sur les héritiers du locataire ou fermier, pendant les délais pour faire inventaire et délibérer ? Pour la négative on dit que la saisie-gagerie est un acte conservatoire et d'exécution, et que par conséquent elle doit être arrêtée pendant ces délais comme tout acte d'exécution. Cette raison nous paraît plus spécieuse que vraie ; la saisie-gagerie étant un acte *essentiellement* conservatoire, nous ne pensons pas que le décès du débiteur puisse s'opposer à une mesure qui ne nuit en rien aux héritiers bénéficiaires. La Cour de Paris a jugé que la déclaration de faillite du locataire n'empêchait pas qu'il fût passé outre à la vente des objets saisis-gagés : Ne serait-ce pas ici l'occasion de résoudre affirmativement la question par analogie. Paris, 19 août 1807. Dalloz, t. 11, n° 665.

La saisie-gagerie peut être exercée non seulement sur les meubles qui se trouvent dans les lieux loués, mais encore sur tous les objets mobiliers généralement quelconques qui y sont déposés. Orléans, 20 mai 1825 ; Dalloz, t. 11, p. 665.

Nous avons vu plus haut que si les meubles ont été déplacés de la maison louée pour être transportés aux mains d'un tiers, le propriétaire ne pouvait plus saisir-gager et qu'il devait obtenir pour cela la permission du juge ; en doit-il être de même si ces meubles ont été transportés dans un autre appartement, mais appartenant au locataire. La Cour de Rennes s'est prononcée pour l'affirmative par arrêt du 17 mars 1816, ainsi que MM. Carré et Pigeau. M. Delvincourt, sans trop motiver son opinion, a adopté l'avis contraire, qui nous semble cependant entraîner les plus graves inconvéniens.

Quand la saisie-gagerie est faite en vertu d'une ordonnance de justice, il n'est pas nécessaire qu'elle soit précédée d'un commandement. (Bordeaux, 2 décembre 1831. Dalloz, Carré, Pigeau, Bioche, *loc. cit.*) Cet arrêt, et les nombreuses autorités qui l'ont approuvé, ne nous persuadent pas entièrement et nous conseillerons de faire dans tous les cas, et en tête du procès-verbal de saisie, un commandement de payer les sommes pour lesquelles on procède à la saisie-gagerie. Cette méthode, outre qu'elle évitera une question de nullité qui nous semble très controversable, est plus conforme aux usages et à nos mœurs.

Toutefois dans aucun cas elle n'a besoin d'être précédée d'un itératif commandement. Liége, 26 mai 1833. Dalloz, *loc. cit.*

Le saisissant peut-il être constitué gardien ? La Cour de Liége avait résolu cette question par l'affirmative. La Cour de Paris s'est formellement prononcée pour la négative. Liége, 26 mai 1828 ; Paris, 19 mars 1825; Dalloz, t. 11, 665 et 25 ; 2° part., p. 161.

Mais rien n'empêche de constituer pour gardien le garde-champêtre de la commune. ou l'un des témoins de la saisie. Bordeaux, 3 avril 1830; Dalloz, t. 30, 2° part., p. 179.

Le procès-verbal de la saisie doit énoncer, mais non pas toutefois à peine de nullité, le jour de la vente. Bordeaux, Arrêt plus haut cité.

Il n'est pas nécessaire non plus, lorsque la saisie porte sur des fruits, qu'elle ne soit faite que dans les six semaines de la maturité des fruits. Bordeaux. Arrêt déjà cité.

Voyez *Répertoire de la Science des juges de paix*, v° *Saisie-gagerie.* V. aussi *Annales*, t. 1er, p. 222.

Le juge de paix peut, comme nous l'avons vu, accorder au propriétaire le droit de saisir-gager à l'instant même et sans commandement préalable; mais, dans le cas où le débiteur refuserait de laisser procéder à cette saisie, si par exemple il soutenait avoir payé les loyers, qui devrait statuer sur cette difficulté : le juge de paix, ou le président des référés ? Les contestations qui s'élèvent relativement à l'exécution des jugemens des juges de paix ne peuvent jamais être portées devant eux. Le principe qui a fait établir cette règle milite-t-il également ici pour leur faire refuser le droit de connaître de l'exécution de cette ordonnance ? Il aurait été désirable sans doute qu'on créât une exception pour l'espèce dont il s'agit ; mais puisque cela n'a pas eu lieu, ne faudra-t-il pas rentrer dans le droit commun et aller devant le juge des référés ? Et d'un autre côté n'est-ce pas, en résolvant ainsi la question, enlever aux juges de paix ou plutôt aux justiciables, le bénéfice de l'art. 10 de la loi nouvelle ? Quel inconvénient y a-t-il d'ailleurs à laisser au juge de paix la connaissance d'une difficulté qui précède une mesure dont l'examen définitif lui est réservé ? La saisie-gagerie n'est pas un acte d'exécution, mais bien d'instruction et de conservation. Ces considérations et les termes du § 2 de l'art. 10 nous décident à reconnaître exceptionnellement, et pour ce cas seulement, au juge de paix le droit d'examiner et de lever, s'il y a lieu, les obstacles apportés par le saisi à la mise à exécution de l'ordonnance par lui rendue (1).

ARTICLE ONZE.

L'exécution provisoire des jugemens sera ordonnée dans tous les cas où il y a titre authentique, promesse reconnue, ou condamnation précédente dont il n'y a point eu appel.

Dans tous les autres cas, le juge pourra ordonner l'exécution provisoire, nonobstant appel, sans caution, lorsqu'il s'agira de pension alimentaire, ou lorsque la somme n'excédera pas 300 fr., et avec caution, au-dessus de cette somme.

La caution sera reçue par le juge de paix.

Un titre authentique est celui qui est reçu par des officiers publics ayant le droit d'instrumenter dans le lieu où l'acte *a été rédigé* (C. civ., 1317.), et ayant caractère pour dresser cet acte.

On entend par promesse reconnue une promesse écrite antérieure à l'instance, et dont les écritures et signatures sont reconnues par le défendeur ; une promesse verbale, même avouée ou reconnue ne suffirait pas pour autoriser l'exécution provisoire sans caution.

La loi accorde au jugement dont il n'y a pas appel, la même force, la même autorité qu'à l'acte authentique ; il était donc juste d'établir pour ce cas aussi, que provision est due au *second jugement*. Mais, lorsqu'un jugement est frappé d'appel, il ne doit plus en être ainsi parce que l'appel est suspensif de l'exécution des décisions judiciaires rendues en premier ressort.

Il ne faut pas confondre le jugement dont il n'y a point appel, avec le jugement *passé en force de chose jugée*, c'est-à-dire qui ne peut plus être attaqué et réformé par les voies ordinaires.

L'art. 17 du Code de procédure civile s'exprime ainsi :

« Les jugemens des justices de paix, jusqu'à concurrence *de 300 fr. seront exécutoires par provision*, nonobstant l'appel, et sans qu'il soit besoin de fournir caution : les juges de paix pourront, dans les autres cas, ordonner l'exécution provisoire de leurs jugemens, mais à la charge de donner caution.

La loi nouvelle modifie cet état de choses, au lieu de rendre l'exécution provisoire obligatoire dans tous les cas où la condamnation serait inférieure à 300 f., elle n'impose au juge de paix le devoir de prononcer cette exécution provisoire, que dans le cas dont nous avons parlé tout à l'heure : dans tous les autres cas elle n'est que facultative.

Les dispositions du § 1er de cet article sont presque textuellement copiées du premier paragraphe de l'art. 135 du Code de procédure civile.

L'exécution provisoire devrait-elle être ordonnée dans le cas où il y aurait condamnation précédente par un jugement exécutoire déjà par provision, mais frappé d'appel ? La raison qui a fait rejeter l'exécution provisoire dans le cas où la condamnation précédente est déférée à la décision des juges d'appel, c'est que l'appel étant suspensif, comme nous l'avons dit, un jugement frappé d'appel n'a plus réellement d'existence utile, légale, et par suite ne peut produire aucun effet ; mais cette raison ne peut s'appliquer aux jugemens exécutoires par provision.

Du reste, les deux systèmes ont été fortement attaqués et défendus à la Chambre des députés lors de la discussion de cet article. Voici les principaux argumens qui ont été employés pour et contre. Nous allons essayer d'en donner une analyse complète, parce qu'on y trouvera la solution précise de plusieurs difficultés qui peuvent s'élever pour l'application de notre article.

» Deux systèmes se présentent relativement à l'exécution des jugemens des juges de paix.

---

(1) Afin de lever toutes difficultés sur ce point, nous croyons que le juge de paix devrait rédiger ainsi son ordonnance.

L'an mil huit cent. . . . . le . . nous juge de paix du canton d . . . .

Vu la requête ci-dessus, les motifs y énoncés, *et l'offre qui nous est faite de nous en référer dans le cas où une opposition quelconque serait faite à l'exécution de la présente ordonnance*, autorisons le Sr . . . . . à faire saisir-gager les meubles et effets mobiliers appartenant au Sr . . . . . . et ce pour les causes et aux fins indiquées en ladite requête, disons qu'en cas d'opposition, soit avant, soit pendant la saisie, il nous en sera préalablement référé avant de passer outre.

Fait à . . . . en notre cabinet le . . . . 183 . .

Nota. Ce modèle d'ordonnance est emprunté aux formules employées par M. le président du tribunal de la Seine.

» Selon quelques membres, les jugemens devaient être exécutés de plein droit jusqu'à 300 fr.; selon d'autres, on soutenait qu'il valait mieux laisser au juge chargé de prononcer sur le fond le soin d'apprécier si l'exécution devait être une affaire utile ou dangereuse.

» Cet avis, qui n'a rien d'absolu, qui est plus conforme à l'équité et laisse au magistrat le soin de faire l'appréciation et de se déterminer selon les espèces qui se présentent devant lui, doit avoir la préférence.

» On s'est fondé pour l'exécution de plein droit sur la législation en vigueur précisée par l'art. 17 du Code de procédure civile, qui déclare l'exécution provisoire de plein droit jusqu'à 300 fr. Comment, dès lors, disait-on, dépouiller cette juridiction d'une disposition acquise et exécutée sans inconvéniens ? — La réforme est facile, répliquait-on, il ne faut pas se déterminer par ce qui existe, par cela seul que c'est une disposition écrite, mais il faut examiner s'il est convenable d'étendre et d'appliquer à des attributions nouvelles ou plus larges une de ces mesures qui n'admettent aucun tempérament et qui tendent à donner au jugement une force et une autorité exceptionnelles.

» D'après la loi de 1790, le juge de paix est compétent en premier ressort jusqu'à 100 fr., en dernier ressort jusqu'à 50 fr. pour les actions personnelles et mobilières. Il ne prononce jusqu'à 300 fr., que dans des cas très rares, pour dommages aux champs, etc.; ce sont, à proprement parler, des exceptions.

» D'après la règle générale, l'exécution de plein droit ne s'appliquait donc que sur une somme de 100 fr., mais, aujourd'hui que la compétence ordinaire est doublée, que les attributions sont multipliées et entraînent une juridiction qui va jusqu'à 1,500 fr., et qui, dans certains cas, et sauf l'appel, n'a point de limite. Peut-on admettre les mêmes règles ?

» Déclarer l'exécution provisoire de plein droit, disait l'un des membres de la commission de la Chambre des députés, c'est faire que la compétence en dernier ressort soit en réalité de 300 fr.; car, l'exécution dans des cas où les intérêts sont minimes, c'est le terme du procès et la ruine des parties.

» Lorsqu'on a consulté les cours sur la compétence proposée par votre commission de 1835, disait-il encore, elles ont repoussé la prétention qui portait à 150 fr. le dernier ressort; et, aujourd'hui, par le projet de la majorité de la commission, on élève en réalité ce dernier ressort à 300 fr. C'est une chose aussi désastreuse pour le créancier que pour le débiteur. Toutes les commissions qui nous ont précédé ont émis ce sentiment.

» En effet, l'exécution de plein droit est une chose qui ne doit pas être ordonnée, s'il n'y a obligation, car elle ne peut avoir pour effet de ruiner le créancier et le débiteur; car, remarquez que cette exécution de plein droit s'applique au cas où il y a appel. Eh bien ! si le jugement était infirmé, il en résulterait que celui qui aurait été dépouillé par une demande trop légèrement accueillie, ruinerait à son tour son créancier présumé en le poursuivant pour les sommes payées indûment et pour les dommages causés par cette malheureuse exécution.

» Ce n'est pas tout : il y a une autre objection que j'ai eu l'honneur de présenter à la commission et qui m'a frappé. En étendant la compétence des juges de paix, il peut se faire que vous leur transportiez quelques questions difficiles, et qu'ils soient arrêtés pour la solution; alors les juges de paix hésiteront à prononcer l'exécution de plein droit; ils ne voudront pas prescrire une exécution qui pourrait avoir des suites irréparables. Il faut respecter le scrupule d'une conscience droite et timorée.

» Vous, au contraire, dans votre système et en adoptant votre proposition, vous faites que l'exécution provisoire soit, dans tous les cas, une règle aveugle, plus meurtrière que les bienfaits de la loi ne sont utiles. Je ne demande pas qu'on montre plus de défiance que le Code de procédure pour les juges de paix; je leur accorde, au contraire, plus de confiance que cette législation antérieure qui était sans tempérament; je ne veux l'exécution qu'après la décision et l'examen du juge de paix, quand il la croit indispensable pour assurer de véritables droits mis en péril par un retard calculé dans des intentions d'éluder le paiement. »

« Le gouvernement, répondit M. Tesnières, a proposé un article d'après lequel l'exécution provisoire sera facultative, et on y ajoute cette disposition, que l'exécution provisoire ne sera obligatoire que lorsqu'il y aura titre authentique, promesse reconnue ou condamnation précédente dont il n'y aura pas eu d'appel. La commission a présenté un autre article. Elle a voulu de nouveau consacrer le droit actuel. Avant d'entrer dans l'examen de l'article de la commission, il est nécessaire de dire à la chambre que, lorsque le projet de loi fut présenté pour la première fois, la disposition que nous venons soutenir était introduite dans la loi. Le gouvernement reproduisait les dispositions de l'art. 17 du Code de procédure : l'exécution provisoire jusqu'à concurrence de 300 fr. était obligatoire. La première commission, ainsi qu'on vient de vous le dire tout à l'heure, avait rejeté cette disposition, et, au lieu de l'exécution obligatoire, elle n'avait introduit que l'exécution facultative. Lorsque, l'année dernière, le projet de loi fut présenté de nouveau à la Chambre, la commission, en majorité, décida, contrairement à la proposition faite par le gouvernement, que la disposition serait facultative au lieu d'être obligatoire. Ainsi, constamment, dans les deux présentations du projet de loi, l'exécution était obligatoire : de leur côté, les deux premières commissions avaient persisté à dire que l'exécution serait facultative.

» Lorsque le projet a été présenté dans la dernière session, il l'a été avec la modification que nous combattons.

» Votre commission a examiné attentivement cette question, et, après un mûr examen, elle s'est décidée pour l'exécution obligatoire. En un mot, elle a voulu maintenir les dispositions de la loi actuelle, c'est-à-dire celles de l'art. 17 du Code de procédure.

» Après nous être étendu ainsi sur l'historique de cet article de la loi, revenons maintenant aux raisons qui furent données à l'appui du système du Code de procédure.

» D'abord il paraît étonnant, dit-on, que l'on veuille supprimer une disposition pareille, lorsque déjà elle a reçu une exécution de trente années, et n'a donné lieu à aucune réclamation, à aucune plainte.

» On a élevé la compétence des juges de paix. Pour être conséquent avec ce principe posé, il aurait fallu dire que l'exécution serait obligatoire, non seulement jusqu'à concurrence de 300 fr., mais dans une proportion graduée avec l'extension de cette nouvelle compétence. Au contraire, l'on revient en arrière, on restreint une portion de cette compétence, on ne leur accorde même pas les conséquences du principe établi ; on va plus loin, on ne leur concède même pas, dans une limite moindre de 300 fr., le droit de l'exécution obligatoire.

» On a dit à cela qu'il y aurait de graves inconvéniens, attendu que cette compétence s'étendrait à des matières très graves. Mais quelles sont donc ces matières ? Il me semble qu'elles ressortent toutes de celles qui précédemment avaient été attribuées aux juges de paix. Ainsi, il s'agit, par les articles que vous avez votés, non seulement des procès et des contestations qui s'élèvent entre les aubergistes et les voyageurs, entre les voyageurs et les rouliers, il s'agit encore de paiemens pour les nourrices, de pensions alimentaires, etc. Eh bien ! on ne comprend pas pourquoi, dans ces cas là, les jugemens ne seraient pas exécutoires, de droit, par provision.

» On ne le comprendrait pas, puisque la question se présente sous la même face, et que les principes se trouvent être les mêmes, car ces matières nouvelles ne sont pas plus difficiles à juger que les anciennes.

» M. le rapporteur a dit que les Cours royales sont opposées à ce système. Les opinions sont partagées dans les cours royales, et au moins la moitié ont été d'avis de maintenir les dispositions de l'art. 17. Le gouvernement, en retranchant l'art. 17, a été obligé de s'en référer à l'art 135 du Code de procédure civile. C'est une grave et dangereuse innovation ; car il est obligé, dans ce système, *d'introduire une disposition empruntée aux tribunaux de première instance :* ainsi, l'exécution provisoire, obligatoire, des jugemens, sera ordonnée lorsqu'il y aura un titre authentique, promesse reconnue ou condamnation précédente dont il n'y aura pas eu appel.

» En proposant cette disposition, on a été obligé de donner aux juges de paix le droit d'apprécier ce que c'était qu'un titre authentique, ou une promesse reconnue, ou un jugement dont il n'y aura pas eu appel. Ainsi, le juge de paix, simple juge de fait, sera obligé d'apprécier la valeur et l'existence d'un acte, de trancher souvent des difficultés qui ont divisé les tribunaux ; il faudra souvent qu'il examine et décide des questions de droit. Et bien ! pourra-t-il, par exemple, savoir quand il n'y aura pas possibilité d'appeler d'un jugement ? Souvent, Messieurs, il y aura un nouveau procès pour reconnaître la valeur des actes pour lesquels il y aura eu contestation, et qui auront donné lieu au jugement pour lequel on demandera l'exécution provisoire.

» Si vous maintenez cette disposition, vous aurez deux procès pour un, il faut le reconnaître. En outre vous placez le juge de paix sur la même ligne que le juge de première instance ; vous lui donnez une attribution semblable.

» On a dit encore que l'exécution provisoire ne laisserait pas les choses entières, qu'elle priverait du droit d'appel. D'abord il faut dire qu'il sera avantageux de donner le moins d'ouverture possible aux appels. Le but de la loi est d'arrêter les procès. En second lieu, s'il y a préjudice causé, est-ce qu'il n'est pas réparable en appel, si le jugement est réformé ? Est-ce que celui qui a gagné son procès en appel, n'a pas le droit de conclure à des dommages et intérêts ? Est-ce que, d'ailleurs, celui qui aura gagné devant le juge de paix, voudrait faire exécuter de suite et dans tous les cas, lorsqu'il verra frapper d'appel la décision qui lui est favorable ? Presque toujours il aimera mieux attendre.

» Ainsi donc, l'article de la commission qui modifie le système du Code de procédure est préférable, il a l'avantage de n'être que la consécration d'un principe qui subsiste, tandis que la disposition du gouvernement va directement contre le but de l'institution des justices de paix, qui doit éloigner toutes les complications que peuvent et que devront faire naître fort souvent les questions d'exécution provisoire. Vous voulez que les décisions soient promptes, rapides, enlevez aux chicaneurs, aux hommes de mauvaise foi, les moyens d'éterniser les procès. Vous n'y parviendrez pas avec l'exécution facultative. Le juge de paix ne l'ordonnera jamais, ou que bien rarement, et alors les appels se multiplieront. »

Nous faisons des vœux pour que la prédiction par laquelle termine ici l'honorable M. Tesnières ne se réalise pas, car elle enlèverait alors aux justiciables tout le bien qui peut résulter de la loi nouvelle, et nous pensons que toutes les fois que le juge de paix pensera devoir arrêter un appel arraché au dépit et à la mauvaise humeur, en prescrivant l'exécution provisoire, il ne devra pas la refuser, surtout dans le cas où la partie demanderesse offrira bonne et valable caution.

On entend par caution, en général, une personne qui s'oblige à satisfaire à l'obligation que contracte une autre personne, si cette dernière n'y satisfait pas elle-même.

Cette disposition du § dernier de cet article est une exception à ce principe, que le juge de paix ne peut connaître de l'exécution de ses jugemens.

Quant à la réception de cette caution, dans quelle forme devra-t-elle avoir lieu? Devra-t-on procéder dans les termes des art. 517 et 521 du Code de procédure civile? Cette question ayant été posée au rapporteur de la commission de la chambre des députés, dans la séance du 24 avril 1838 (V. *Moniteur* du 25 avril 1838), la réponse de ce dernier fut que le gouvernement ni la commission n'avaient jamais entendu modifier ce qui, sous la loi de 1790, se passait devant le juge de paix, pour la réception des cautions.

La caution devra donc être reçue à l'audience où le jugement a été rendu, ou au plus tard à la plus prochaine audience qui sera indiquée par le juge de paix, sans autre procédure, écrits ou formalités. V. *Tarif*, art. 24.

Dans le cas où la caution est contestée, le juge de paix prononce sommairement sur l'opposition qui est formée à l'acceptation de la caution; mais peut-il entendre cette caution elle-même? doit-il la laisser intervenir dans le débat, pour soutenir la régularité de son engagement et la suffisance de sa solvabilité?—Nous n'y voyons aucun inconvénient, et un arrêt de la Cour des pairs du 15 avril 1820, rapporté au *Journal du Palais*, t. 22, p. 362, a décidé qu'il en pouvait être ainsi devant les tribunaux de première instance; à plus forte raison, selon nous, doit-on, au besoin, procéder ainsi devant le juge de paix.

ARTICLE DOUZE.

S'il y a péril en la demeure, l'exécution provisoire pourra être ordonnée sur la minute du jugement, avec ou sans caution, conformément aux dispositions de l'article précédent.

La disposition de cet article a imité ce qui existe pour la juridiction des référés. L'art. 821 du Code de procédure civile autorise en ces matières l'exécution de l'ordonnance *sur minute*, dans le cas *d'absolue nécessité* : l'art. 1er a eu pour but de transporter aux juges de paix cette faculté accordée jusqu'à présent au seul juge des référés.

Cette exception au droit commun ne doit être appliquée qu'avec une grande réserve par le juge de paix appréciateur souverain du *péril en la demeure*. Ceci nous conduit à l'examen de la question de savoir en général ce qu'on entend par les mots de périls en la demeure?

Quelques auteurs ont dit qu'il y avait péril en la demeure toutes les fois qu'il y avait *urgence*. Cette réponse ne nous paraît pas très satisfaisante, car elle n'éclaire rien et ne fait que déplacer la question.

Il ne faut admettre, selon nous, qu'il y ait péril en la demeure, qu'autant qu'il y a perte imminente dans *la demeure*, c'est-à-dire dans le retard apporté forcément à l'exécution du jugement pour l'accomplissement des formalités nécessaires, qu'autant que le demandeur ne saurait attendre sans compromettre gravement ses intérêts, qu'autant enfin qu'il y a absolue nécessité, que, suivant les expressions du tribun Favart, à l'occasion de la présentation du tit. 16 liv. 5 du Code de pr. civ. relatif aux référés, on serait *sans justice*, si la décision n'était rendue exécutoire à l'instant même où elle est prononcée.

On voit donc qu'il y a une grande différence entre les cas de péril en la demeure, et ceux qui requièrent célérité; pour ces derniers, la loi a autorisé la suppression de certaines procédures, de certaines formalités, de certains délais qui rendent la décision moins prompte; mais le jugement prononcé, ils rentrent dans les prévisions ordinaires de la loi.

Le juge de paix doit d'autant plus se garder de prononcer souvent l'exécution sur minute, qu'il n'est dans aucun cas autorisé à connaître de l'exécution de ses jugemens. Les rédacteurs du projet de 1835 avaient proposé, comme nous l'avons déjà fait remarquer, d'attribuer aux juges de paix la connaissance de l'exécution de leurs jugemens, parce que, disaient-ils, une juridiction qui ne connaissait pas de l'exécution de ses décisions, n'était pas une juridiction complète: L'action réclame le droit, disait-on, le jugement le consacre, mais l'exécution seule le consomme.

Ce système fut formellement repoussé, comme dénaturant l'institution des justices de paix; l'article que nous examinons est une facilité nouvelle accordée aux parties pour faire usage de leurs droits, et nullement un retour vers un système que, depuis 1835, tous les orateurs et commissions ont continuellement repoussé.

Mais une question se présente ici tout naturellement. Le greffier est chargé par la loi de la garde des minutes et de la délivrance des expéditions; ordinairement, et dans le droit commun, l'exécution des ordres de justice n'est poursuivie, qu'en vertu d'une de ces expéditions délivrées par lui en la forme exécutoire (1), et après signification et commandement. Mais lorsqu'il s'agira de l'application de l'article dont nous nous occupons, on ne pourra pas procéder ainsi. Comment donc devra-t-on faire?

Est-ce que le greffier, dépositaire et gardien responsable des minutes, devra se transporter avec l'huissier instrumentaire sur les lieux de l'exécution, assister aux opérations ordonnées? Nullement. Il suffira, dans ce cas, au juge de paix de commettre pour l'exécution un huissier qui sera chargé, sous sa propre responsabilité, de l'apport de la minute sur les lieux de l'exécution et de la remise, qui devra en être faite au greffe quand cette exécution aura été parachevée.

Notre article ne dit pas, si le juge de paix peut autoriser l'exécution de son jugement, avant signification et commandement; mais la nature des choses veut qu'il en soit ainsi. Il pourrait même, non pas dispenser de l'enregistrement, mais ordonner l'exécution avant cet enregistrement, et l'huissier qui présenterait, dans ce cas, la minute du jugement à enregistrer en même temps que le procès-verbal d'exécution, par exemple, ne serait passible d'aucune amende, d'aucune poursuite. *V.* Déc. min., fin. du 13 juin 1809. V. aussi Chauveau, t. 18. p. 37; Bioche, *Dictionnaire de procédure*, V° référés, n° 82 et suiv.; et Bilhard, *Traité des référés.*

ARTICLE TREIZE.

L'appel des jugemens des juges de paix ne sera recevable ni avant les trois jours qui suivront celui de la prononciation des jugemens, à moins qu'il n'y ait lieu à exécution provisoire, ni après les trente jours qui suivront la signification à l'égard des personnes domiciliées dans le canton.

Les personnes domiciliées hors du canton auront, pour interjeter appel, outre le délai de trente jours, le délai réglé par les art. 73 et 1033 du Code de procédure civile.

L'appel est le recours à un tribunal supérieur contre les décisions émanées d'une juridiction inférieure.

Dans notre droit français, l'appel est, de droit commun, la voie la plus ordinaire pour attaquer les jugemens : dans les cas douteux, cette faculté est toujours sous-entendue.

Cependant, l'appel étant institué dans l'intérêt des parties, est par cela même facultatif, et elles peuvent, soit y renoncer d'avance, soit se désister de leur appel formel, en tout état de cause. *V.* Loi du 24 août 1790, tit. 4, art. 6; Loi du 27 ventose an 8, art. 7.

Toutefois, la loi indiquant une autre manière de faire réformer les jugemens par défaut: l'opposition, tant que cette opposition est possible, l'appel ne peut être interjeté, quand bien même il s'agirait d'un jugement exécutoire par provision. Metz, 30 janvier 1811, et 26 mai 1820; Cass., 17 janvier 1817; S., t. 18, p. 319.

D'un autre côté, la loi a dû prévoir que le plaideur débouté de sa demande, serait presque toujours trop mécontent pour entendre la voix de la justice et de l'équité, et tout disposé, dans un premier moment de colère, à critiquer la décision qui lui fait perdre son procès; elle a donc sagement fait de déterminer un délai pendant lequel les parties ne pourront appeler de cette décision. Pendant cet espace de temps, les querelles s'oublient, les dissentimens s'éteignent pour faire place aux conseils de la prudence et de la raison.

Le délai pendant lequel on ne peut faire appel, est fixé à huit jours pour les juridictions ordinaires. La loi dont nous nous occupons, en transportant cette interdiction aux tribunaux de paix, a restreint le délai pendant lequel elle subsiste, attendu le peu d'intérêt que présentent un grand nombre d'affaires portées devant eux.

Si l'appel, signifié pendant le délai, est radicalement nul et ne peut arrêter l'exécution du jugement, l'appelant conserve toujours le droit de le réitérer en temps utile. La restriction apportée à l'exercice du droit d'appel, par la partie qui se prétend lésée, étant tout entière dans ses intérêts, ne peut, dans ce cas, tourner à son détriment.

Mais, pendant ce délai, l'exécution du jugement peut-elle se poursuivre? La négative est écrite textuellement dans le Code de procédure, art. 447 et 458, et, quoique l'art. 13 n'ait pas reproduit cette disposition; quoiqu'il faille se garder de trop assimiler la procédure qui a

---

(1) On sait que les titres et jugemens expédiés en formes exécutoires sont ceux qui portent en tête le même intitulé que les lois, et sont terminés par un mandement aux officiers de justice, C. de pr., art. 146 et 545.

lieu devant les justices de paix, avec celle qui se pratique dans les juridictions ordinaires. La raison veut que la règle, admise par les articles que nous venons de citer, reçoive ici son application.

D'ailleurs, en autorisant l'appel immédiat des jugemens exécutoires par provision, l'art. 13 décide, au moins implicitement, qu'il en doit être ainsi.

Avant la loi du 25 mai, l'appel d'un jugement du tribunal de paix pouvait être interjeté avant la signification de ce jugement. (Cass., 17 mars 1806 et 1er mars 1812.) Cette loi ne doit modifier en rien la jurisprudence à cet égard.

Les jugemens préparatoires ne peuvent être frappés d'appel qu'après le jugement définitif. Les jugemens interlocutoires, au contraire, peuvent être déférés aux juges supérieurs avant que ce jugement ait été prononcé.

La différence vient de ce que le jugement interlocutoire préjuge le fond de l'affaire; mais cette raison ne doit-elle pas aussi faire décider que le délai de trois jours, dont nous parlons, ne doit pas être pris en considération lorsqu'il s'agit de l'appel d'un semblable jugement? Obliger la partie condamnée à subir ainsi, pendant ce délai, l'exécution d'une mesure, d'un ordre qui peut lui causer parfois un irréparable préjudice, ce serait aller directement contre l'esprit de la loi nouvelle.

Le délai ordinaire, pour appeler des décisions des tribunaux, est de trois mois, soit que ces jugemens soient contradictoires, soit qu'ils aient été rendus par défaut. Cette règle était commune aux tribunaux de paix, de même qu'aux tribunaux d'arrondissement ou de commerce. La loi nouvelle modifie cet état de choses.

Mais, excepté le *délai* de l'appel, cette loi ne change rien à ce qui est prescrit par les lois antérieures. C'est ce qu'exprime clairement le paragraphe de notre article, et ce qui a été formellement établi dans la discussion de cet article à la chambre des députés. V. *Moniteur* du 25 avril 1838.

« Je proposerais, dit M. Martin (de l'Isère) un amendement qui consisterait à dire : « *Néanmoins, les personnes qui sont absentes du territoire européen pour le service de terre ou de mer, ou qui seront employées dans les négociations extérieures de l'état, continueront à jouir du délai d'un an, fixé par l'art. 446 du Code de procédure civile.* »

» L'amendement est inutile, répondit M. le rapporteur, nous nous en sommes tenus aux termes du droit commun. Nous avons voulu seulement que le délai des distances fût indiqué, pour éviter des discussions ; mais, dans les intentions de la commission, l'art. 446 du Code de procédure civile doit recevoir son exécution, de même que toutes les autres dispositions du droit commun. »

Les art. 73, 446 et 1033 du Code de procédure civile sont ainsi conçus :

« Si celui qui est assigné demeure hors de la **France continentale**, le délai sera :

»1° Pour ceux demeurant en Corse, dans l'île d'Elbe ou de Capraya, en Angleterre et dans les états limitrophes de la France, de deux mois;

»2° Pour ceux demeurant dans les autres états de l'Europe, de quatre mois ;

»3° Pour ceux demeurant hors de l'Europe, en deçà du cap de Bonne-Espérance, de six mois;

»4° Et pour ceux demeurant au delà, d'un an. C. de pr., art. 73.

« Ceux qui sont absens du territoire européen du royaume pour service de terre ou de mer, ou employés dans les négociations extérieures pour le service de l'état, auront, pour interjeter appel, outre le délai de trois mois, depuis la signification du jugement, un autre délai d'une année. Art. 446.

» Le jour de la signification, ni celui de l'échéance, ne sont jamais comptés dans le délai général fixé pour les ajournemens, les citations, sommations et autres actes faits à personne ou à domicile. Ce délai sera augmenté d'un jour à raison de trois myriamètres de distance ; et, quand il y aura lieu à voyage ou renvoi et retour, l'augmentation sera du double. Article 1033. »

Toutefois, ici se présente une question.

Dans les termes ordinaires du droit commun, le jour *à quo* et le jour *ad quem* ne comptent pas dans la supputation des trois mois pendant lesquels on peut interjeter appel du jugement des tribunaux de première instance, suivant l'adage: *Dies termini non computatur in termino* (Cass., 22 juin 1813, 14 juin 1814, 20 novembre 19 juillet 1817). En sera-t-il de même pour le délai d'appel du jugement du juge de paix? Non, selon nous. Les trente jours ne peuvent, il est vrai, être comptés que du lendemain de la prononciation du jugement, cela ne fait aucun doute ; mais, si l'appel était interjeté le jour *ad quem*, c'est-à-dire le trente-unième jour après cette prononciation, il faudrait nécessairement le rejeter, car il n'aurait pas été signifié dans les trente jours.

L'art. 548 du C. de procédure veut que les jugemens qui prononceront un paiement, ou quelque autre chose à faire par un tiers ou à sa charge, ne soient exécutoires par les tiers ou contre eux, même après les délais de l'opposition ou de l'appel, que sur l'attestation du greffier, constatant qu'il n'existe, contre le jugement, ni opposition ni appel. Cette disposition concerne-t-elle les jugemens rendus par les justices de paix, aussi bien que ceux des tribunaux de première instance ?

En thèse générale, les règles qui régissent les tribunaux de première instance, ne doivent être appliquées aux tribunaux de paix que dans deux cas : 1° lorsque le législateur l'a expressément ordonné; 2° lorsque, pour l'exécution intelligente de la loi, cela est d'une absolue nécessité. *V.* ci-après, art. 14.

Or, nous ne trouvons nulle part, soit dans la législation spéciale aux justices de paix, soit dans le **premier livre** du Code de procédure, qui traite de leur compétence territoriale et de la manière de procéder devant eux, rien qui indique l'intention de leur appliquer les dispositions de cet art. 548.

D'un autre côté, s'il est impossible de nier que la mesure prescrite par ledit article, soit éminemment utile, il faut convenir aussi qu'elle peut être remplacée par d'autres qui sont toujours à la disposition des parties.

Nous ne voyons donc là aucun motif de résoudre affirmativement la question que nous examinons.

Mais ce qui nous décide surtout à adopter la négative, c'est la nécessité où l'on se trouverait de remplacer par des formalités arbitraires, plusieurs de celles prescrites par la loi.

Et puis d'ailleurs, lequel du greffier de paix ou du greffier du tribunal devant lequel devra être porté l'appel, pourrait délivrer ce certificat ? Si l'on décide que ce sera celui du tribunal d'appel, qui lui fournira le certificat constatant la signification, sur le vu duquel, seulement, le greffier délivre ordinairement le certificat de non-appel ? Si, au contraire, on veut que ce soit le greffier de la justice de paix, comment pourra-t-il certifier un fait qui n'est pas, qui ne peut pas être à sa connaissance, puisqu'il n'est pas astreint à tenir le registre prescrit par l'art. 163 du Code de procédure civile.

Malgré l'opinion contraire de M. Favart, v° *Opposition*, § 3, n. 4, l'usage a prévalu de ne pas représenter ce certificat pour l'exécution des jugemens rendus par le tribunal de commerce, ainsi que l'atteste Bioche en son *Dictionnaire de procédure* t. 2 p. 498.

Or, il y a même raison de décider pour les jugemens des tribunaux de paix, que pour ce qui se pratique devant la juridiction consulaire.

Dans le cas, cependant, où un tiers, sous prétexte de la non-représentation de ce certificat, refuserait d'exécuter le jugement, le moyen le plus court de lever cette difficulté sera de demander officieusement au greffier de la justice de paix une attestation, qu'il n'y a à sa connaissance personnelle, ni opposition ni appel, et, muni de cette pièce, d'introduire un référé, pour voir dire, la partie condamnée, que le jugement sera exécuté selon sa forme et teneur.

Mais, nous le répétons, un tiers qui aurait payé sans exiger ce certificat, ne pourrait être inquiété et serait dûment libéré.

ARTICLE QUATORZE.

Ne sera pas recevable l'appel des jugemens mal à propos qualifiés en premier ressort, ou qui, étant en dernier ressort, n'auraient point été qualifiés.

Seront sujets à l'appel les jugemens qualifiés en dernier ressort, s'ils ont statué, soit sur des questions de compétence, soit sur des matières dont le juge de paix ne pouvait connaître qu'en premier ressort.

Néanmoins, si le juge de paix s'est déclaré compétent, l'appel ne pourra être interjeté qu'après le jugement définitif.

Les deux premiers paragraphes de cet article ne sont que la reproduction de l'art. 453 du Code de procédure civil.

Nous concluons de là que dans l'intention des auteurs de la loi du 25 mai, les règles générales émises dans le Code de procédure ne doivent jamais être appliquées par plus ou moins d'analogie aux matières qui sont soumises à la décision du juge de paix, quelle que soit d'ailleurs l'universalité de leurs termes ; car autrement les deux paragraphes de cet article ne seraient qu'une inutile et oiseuse répétition.

La raison de cette disposition est du reste trop facile à comprendre pour que nous ayons à nous y arrêter long-temps. Les actes, quels qu'ils soient, ne doivent pas être appréciés par la qualification qu'on leur donne improprement ; mais par la substance de leurs dispositions et les règles du droit. D'ailleurs les attributions accordées par la loi aux tribunaux sont d'ordre public, delà la conséquence qu'il ne leur est pas permis de les modifier à leur gré. Une fausse qualification doit donc être impuissante pour enlever aux parties le droit de révision que la loi leur accorde, et par ces mêmes motifs ils ne peuvent pas, en qualifiant leurs décisions d'une manière erronée, les priver du bénéfice d'un jugement irrévocable.

Le troisième paragraphe de cet article fut critiqué vivement par M. Mimaud, dans la séance de la Chambre des députés, du 24 avril 1838.

« Je vois avec inquiétude, disait cet honorable membre, l'étendue que l'on donne aux attributions des juges de paix. Comment ! on a déjà décidé que les juges de paix auraient une étendue de pouvoirs presque illimitée, et l'on veut encore que, lorsqu'ils sont incompétens, ils puissent juger sur des matières qui ne sont pas de leur ressort. C'est un inconvénient, car les frais qui auront été faits seront inutiles, puisque le juge de paix devra être dessaisi tôt ou tard de la matière : le juge de paix ordonnera, soit des descentes sur les lieux, soit des preuves qui donneront lieu à des frais considérables, et cela lorsque le juge de paix ne pourra pas prononcer sur le fond etque, sur l'appel porté au tribunal de première instance, sa décision sera cassée. Je ne conçois pas que, après avoir étendu indéfiniment les attributions des juges de paix, on leur donne encore le droit de juger sur des matières qui ne sont pas de leur compétence. »

« Nous nous opposons à la suppression demandée, répondit M. le rapporteur. Il n'y a ici aucune extension de compétence; nous n'attribuons aux juges de paix que le droit qu'ils ont eu jusqu'à présent. Tout juge devant lequel une demande est formée est le premier juge de sa compétence, c'est-à-dire de la question de savoir si la demande doit être portée devant lui. Eh bien ! dans le cas où un juge de paix aura décidé qu'une demande qui n'est pas de sa compétence devra cependant lui être soumise, nous avons admis le recours. Dans le cas où la demande sort de sa compétence, il a été mal jugé. Tandis qu'au contraire, par l'amendement de M. Mimaud, s'il était adopté, il faudrait commencer par aller devant le tribunal de première instance pour faire juger d'abord la compétence, et ensuite, si la compétence du juge de paix était reconnue, revenir devant ce magistrat pour faire juger le fond. »

M. Jobart avait proposé (V. *Mon.* du 1er avril 1838), sur cet article, un amendement qui consistait à remplacer le deuxième paragraphe par ceux-ci :

Seront sujets à l'appel, les jugemens qualifiés en dernier ressort, s'ils ont statué sur des matières dont le juge de paix ne pouvait connaître qu'en premier ressort.

Il en sera de même pour tous les cas d'incompétence ou d'excès de pouvoir.

Cet amendement, après avoir été, dans le sein de la commission, l'objet d'une longue délibération, fut rejeté à une très grande majorité par la Chambre des députés. Quoi qu'il ne consistât qu'en quelques mots, il avait une grande portée, puisqu'il enlevait à la Cour suprême les espèces qui, aux termes de l'article suivant, doivent lui être déférées.

ARTICLE QUINZE.

Les jugemens rendus par les juges de paix ne pourront être attaqués par la voie du recours en cassation que pour excès de pouvoir.

On sait que la Cour de cassation est un tribunal institué pour toute la France, à l'effet de statuer sur les demandes en cassation des jugemens en dernier ressort rendus par les cours et tribunaux, dans lesquels les formes auraient été violées ou qui contiendraient quelque contravention expresse à la loi.

Sous l'empire de l'ancienne législation, le recours en cassation était ouvert contre les décisions des juges de paix, en cas d'incompétence ou d'excès de pouvoir. Loi du 27 ventose an 8, art. 77.

L'art. 14 de la présente loi attribuant aux juges d'appel le pouvoir de réformer, s'il y a lieu, les jugemens rendus par les juges de paix hors du cercle de leur compétence, le pourvoi en cassation contre ces sortes de jugemens ne pouvait plus avoir lieu que pour excès de pouvoir, et c'est ce qui a été formulé par cet article 15.

Mais, qu'entend-on par excès de pouvoir ? Quelle différence y a-t-il entre l'incompétence et l'excès de pouvoir ? La solution de ces questions est très importante, aujourd'hui surtout que des tribunaux différens sont appelés à réprimer l'un et l'autre de ces empiétemens des juges.

Lors de la discussion de la nouvelle loi, à la Chambre des députés, un orateur demanda, à l'occasion de cet art. 15, ce que la commission entendait par *excès de pouvoir*, si elle n'entendait y comprendre que l'*excès de compétence*. Il y a une grande différence, répondit M. président Dupin, entre la simple incompétence et l'excès de pouvoir. — Et la limite, ajouta un autre orateur, est fort difficile à tracer. V. *Mon.* du 5 avril 1837.

Voici quelques arrêts qui pourront aider à fixer cette limite.

Un tribunal correctionnel et une Cour royale commettent un excès de pouvoir, lorsqu'ils recommandent à la clémence royale des individus condamnés, soit pour délit dans une forêt de l'état, soit pour avoir recélé un jeune soldat. En conséquence, les délibérations de ce tribunal et de cette cour doivent être annulées. Cass., 7 octobre 1826.

Un tribunal correctionnel ne peut non plus,

sans excès de pouvoir, ordonner que celui qu'il condamne sera conduit par la gendarmerie jusqu'aux frontières de France. C'est à l'autorité administrative qu'appartient un tel pouvoir. Cass., 9 septembre 1826.

Enfin, il ne peut, en acquittant un prévenu placé par une condamnation précédente sous la surveillance de la haute police, ordonner qu'à la diligence du procureur du roi, ce prévenu sera reconduit dans sa commune pour y rester à la disposition du gouvernement. Il doit, dès qu'il reconnaît que le délit n'est pas constant, se borner à renvoyer le prévenu de la plainte, et non point statuer sur le mode d'exécution d'un jugement antérieurement rendu. Cass., 10 mars 1831.

Les jugemens en dernier ressort des juges de paix ne sont pas passibles du recours en cassation pour omission des formalités prescrites expressément dans les causes susceptibles d'être jugées en dernier ressort. Cass., 5 février 1810. Dalloz, t. 1ᵉʳ, p. 429, et t. 10, 1ʳᵉ partie, p. 359.

Il y a encore excès de pouvoir, lorsque dans une affaire civile entre particuliers, un tribunal charge le ministère public de prendre les renseignemens nécessaires à son instruction, une telle décision ayant pour effet et pour conséquence de porter atteinte à l'indépendance du ministère public et d'en dénaturer les fonctions. Cass., 17 avril 1832. Sirey, t. 32, 1ʳᵉ partie, p. 372.

On peut conclure, de l'examen de ces arrêts, que l'incompétence appartient d'une manière plus étroite aux jugemens et l'excès de pouvoir aux actes.

Cette interprétation est déjà au reste conforme à l'usage et au langage usuels.

« Un juge, dit le savant Henrion de Pansey, ne peut rendre un mauvais jugement que de quatre manières : en appréciant mal les faits ou en interprétant mal les actes ; en contrevenant aux lois civiles qui statuent sur les rapports des citoyens entre eux ; en faisant de son autorité un trafic criminel ; enfin, en choquant la loi politique qui règle les différens pouvoirs. »

Or, on sait que la loi s'est occupée des moyens de réparer les erreurs dans lesquelles les juges peuvent tomber. Ces moyens sont, pour les erreurs de fait, la requête civile, et pour les erreurs de droit la cassation. On sait aussi que le législateur a établi la forfaiture pour le cas où un juge, oubliant la sainteté de son ministère, sacrifierait la justice à ses passions.

Mais puisqu'il est établi qu'on doit se pourvoir de l'une de ces trois manières dans les trois cas dont nous venons de parler, il est évident que le quatrième, celui où la loi politique est violée, constitue nécessairement l'excès de pouvoir.

Nous dirons donc qu'un jugement est vicié d'excès de pouvoir, toutes les fois que, choquant les lois de la constitution, il franchit les bornes de l'autorité judiciaire.

Ainsi, un juge de paix commettra un excès de pouvoir toutes les fois que, portant atteinte à l'ordre public, il troublera la puissance législative et le pouvoir législatif dans leurs opérations ; toutes les fois qu'il s'immiscera dans l'exercice des fonctions qui leur appartiennent, par des actes, c'est-à-dire par des réglemens, par des ordres étrangers à l'autorité judiciaire.

Ainsi encore, le juge de paix excédera ses pouvoirs, s'il se permet de statuer pour l'avenir, de faire des réglemens généraux ou des ordonnances de police, de taxer les denrées ou de prescrire des levées de deniers, d'infliger des peines qui ne sont pas indiquées et autorisées par la loi, d'omettre les formalités prescrites par la loi à peine de nullité, mais lorsque ces formalités sont d'ordre public seulement ; enfin, de défendre l'exécution d'une loi, d'un jugement, de contredire les mesures prises par le pouvoir exécutif ou d'intimer des ordres ou des défenses aux agens du pouvoir exécutif ou aux tribunaux supérieurs.

Nous avons dit en commençant que l'incompétence s'entendait plus spécialement des jugemens et l'excès de pouvoir plus particulièrement des actes : il semble cependant qu'il y a là une erreur, puisque presque toujours c'est dans leurs jugemens que les tribunaux excèdent leurs pouvoirs. Ceci demande quelques explications.

Dans un procès il peut y avoir plusieurs points, l'un dont la solution appartient à l'autorité judiciaire, l'autre qui dépend de toute autre autorité ; or, après avoir décidé le point contentieux judiciaire, le tribunal statue aussi sur celui dont la connaissance n'est pas attribuée aux tribunaux, ou bien après avoir décidé sur un point litigieux, il statue encore pour l'avenir et par voie de disposition générale ; dans ces deux cas, il y a excès de pouvoir, quoiqu'il y ait jugement ; mais c'est parce que la décision du juge renferme dans le même contexte deux actes distincts et différens, un jugement et un réglement, et c'est dans le réglement seul que se rencontre l'excès de pouvoir.

On voit donc que toutes les fois qu'un juge excède ses pouvoirs, il trouble l'ordre public, il porte atteinte aux lois organiques de la société, il constitue enfin un véritable délit politique, et non plus une simple violation de la loi civile.

Et c'est précisément parce que l'excès de pouvoir présente un tel caractère, que nos lois accordent en général aux magistrats à qui elles ont confié le soin d'en surveiller l'exécution, le pouvoir de le dénoncer à la Cour suprême, quand même les parties qui ont été lésées par lui ne réclameraient pas dans le délai fixé par la loi.

Telle est la volonté des articles 80 et 88 de

la loi du 27 ventose an 8, qui s'expriment ainsi :

« Art. 80. Le gouvernement, par la voie de son commissaire, et sans préjudice du droit des parties intéressées, dénoncera au tribunal de cassation, section des requêtes, les actes par lesquels les juges auraient excédé leur pouvoir, ou les délits commis relativement à leurs fonctions. La section des requêtes annullera ces actes s'il y a lieu et dénoncera les juges à la section civile pour, etc.

» Art. 88. Si le commissaire du gouvernement apprend qu'il a été rendu en dernier ressort un jugement contraire aux lois et aux formes de procéder, ou dans lequel un juge ait excédé ses pouvoirs, et contre lequel cependant aucune des parties n'ait réclamé dans le délai fixé ; après ce délai expiré, il en donnera connaissance au tribunal de cassation. Si les formes ou les lois ont été violées, le jugement sera cassé sans que les parties puissent se prévaloir de la cassation pour éluder les dispositions du jugement, lequel vaudra transaction entre elles. »

Mais la voie du recours en cassation est-elle ouverte au ministère public dans l'intérêt de la loi, contre les jugemens des juges de paix, alors même qu'ils ne sont pas viciés d'incompétence ou d'excès de pouvoir ? On a prétendu que cette question a été résolue affirmativement par un arrêt de cassation du 31 avril 1813, rapporté par Sirey, t. 15, 1re part., p. 135.

Quoi qu'on en ait dit, cet arrêt ne tranche pas la question *in terminis*, car le jugement dénoncé était vicié d'excès de pouvoir.

En effet, voici l'unique motif de cet arrêt :

« Attendu que le second jugement rendu par le juge de paix, le 26 août, rapporte évidemment le précédent du 5 de ce mois, lequel était contradictoire et définitif ; que par conséquent ce second jugement contrevient à l'autorité de la chose jugée et aux art. 1350, 1351 et 1352 du Code civil... casse. »

Il faut donc l'écarter de la question.

D'un autre côté, l'article 77 de la loi que nous venons de citer porte textuellement qu'il n'y a pas ouverture à cassation contre les jugemens en dernier ressort des juges de paix, si ce n'est pour incompétence ou excès de pouvoir. C'est là, comme on voit, une règle formelle et sans distinction. Peut-on dire qu'elle est modifiée par les dispositions de l'art. 88, que nous avons rapporté plus haut ? Contrairement à l'opinion émise par M. l'avocat-général qui a porté la parole, lors de l'arrêt du 31 avril 1813, nous inclinons pour une réponse négative, par cette raison que, de même qu'une loi spéciale à une matière n'est pas abrogée virtuellement par une loi générale postérieure, de même un article de loi qui traite formellement, expressément et d'une matière spéciale, ne doit pas subir les modifications qui pourraient résulter de quelques autres articles disposant généralement.

Puisqu'une exception a été créée, ce ne sont plus les principes généraux qu'il faut appliquer, mais les dispositions particulières et propres à cette exception, bien justifiée d'ailleurs par le peu d'importance que présentent ordinairement aux yeux du législateur les jugemens qui émanent des tribunaux de paix.

Le délai pour les pourvois en cassation est de trois mois pour les affaires civiles, à compter du jour de la signification du jugement à personne ou à domicile. Loi du 1er décembre 1790, qui organise la Cour de cassation.

La première formalité à remplir, pour se pourvoir, est de consigner en matière civile et correctionnelle, et non en matière criminelle, une somme de 150 francs si le jugement est contradictoire, et de 75 fr. s'il est par défaut, à moins que le demandeur en cassation ne produise un certificat d'indigence délivré par le maire de la commune, visé par le sous-préfet, *approuvé*, et non pas simplement *légalisé*, par le préfet du département. La demande en cassation n'arrête pas, *en matière civile*, l'exécution du jugement ou de l'arrêt.

ARTICLE SEIZE.

Tous les huissiers d'un même canton auront le droit de donner toutes les citations et de faire tous les actes devant la justice de paix. Dans les villes où il y a plusieurs justices de paix, les huissiers exploitent concurremment dans le ressort de la juridiction assignée à leur résidence. Tous les huissiers du même canton seront tenus de faire le service des audiences, et d'assister le juge de paix toutes les fois qu'ils en seront requis ; les juges de paix choisiront leurs huissiers-audienciers.

Cet article 16 est une dérogation très grave aux dispositions du décret du 14 juin 1813.

D'après l'article 19 de ce décret, les tribunaux de première instance peuvent distribuer les huissiers par quartier dans les villes divisées en plusieurs justices de paix ; mais l'usage a fait tomber en désuétude cette mesure, d'ailleurs inutile, parceque, selon l'expression de M. le garde-des-sceaux (V. *Circulaire*, du 6 juin 1838), l'intérêt de ces officiers ministériels suffit pour les déterminer à fixer leur demeure là où elle doit être le plus à portée des justiciables.

L'art. 19 du décret se trouve ainsi abrogé, car maintenant que la libre concurrence est admise en faveur des huissiers pour le service des justices de paix, une telle distribution aurait pour résultat nécessaire, en créant des défauts de qualités, de donner lieu à des moyens de nullité, qu'il est important de prévenir.

L'art. 16, tout en établissant les droits de libre concurrence, accorde cependant au juge de paix le droit de choisir ses huissiers-audienciers; ne semblerait-il pas qu'alors, loin d'être un avantage, ce serait une charge que d'être ainsi l'objet de la préférence du juge de paix, puisque les droits attachés à ce choix n'existent plus et que les devoirs restent tout entiers? Il n'en sera pas tout-à-fait ainsi; la loi nouvelle diminuera nécessairement, il est vrai, le bénéfice attaché à l'exercice des droits accordés par le décret de 1813, à la qualité d'huissier-audiencier près la justice de paix; mais elle ne les annihile pas entièrement. Ainsi l'huissier-audiencier restera en possession du droit de signifier tous les jugemens par défaut; et d'un autre côté la confiance du juge le désignera toujours d'une manière spéciale à la confiance du public.

Le système de la libre concurrence, autorisée par notre article, fut l'objet de vives et nombreuses contradictions. Un amendement proposé par M. Goupil de Préfeln, et ayant pour but de pallier la difficulté, en disant qu'il serait attaché à la justice de paix deux huissiers au moins, et quatre au plus, ne fut pas même appuyé, dans le sein des commissions et des chambres, il serait trop long d'en donner une analyse complète; nous nous contenterons de résumer les principales raisons qui ont été données pour et contre ce nouveau système.

Dans la Chambre des pairs, le système de la libre concurrence fortement attaqué par MM. Mérilhou et Voysin de Gartempe; à la Chambre des députés, attaqué par MM. Colin, Parès, Billaud, de Pascalis et M. le garde-des-sceaux, et soutenu par MM. Amilhau, Drault, Bermilliod, Havin et Chegaray, il sortit enfin triomphant de la lutte.

« La création, disait-on, pour soutenir le système établi, d'huissiers-audienciers, ayant exclusivement le droit de donner toutes les citations, et de faire tous les actes des justices de paix, remonte à l'origine de ce tribunal. On considéra sans doute que, dans une juridiction toute de conciliation, rien, autour du juge, ne devait être un obstacle à l'accomplissement de sa mission. Ainsi les parties peuvent comparaître volontairement; elles y sont même appelées par des avertissemens. Souvent le juge de paix, faisant à lui seul l'expert et l'arbitre, se transporte avec elles sur les lieux contentieux, et termine leurs différends **sans frais**, et sans même qu'il soit besoin de la solennité d'un jugement; c'est un père de famille qui n'emploie l'autorité qu'après avoir épuisé tous les moyens de conciliation.

»On ne peut exiger des officiers ministériels que, s'associant pleinement à l'esprit de conciliation du juge, ils fassent le sacrifice volontaire et continuel de leurs intérêts, si, d'ailleurs, ils ne trouvent dans l'exercice régulier de leur ministère des moyens suffisans d'existence. Il faut donc que les huissiers-audienciers des justices de paix, indépendamment des actes qui leur appartiennent comme huissiers ordinaires, jouissent du droit exclusif d'exploiter près ce tribunal. Alors seulement ils seront jaloux pour conserver un titre profitable, de mériter la confiance du juge qui le confère, et qui peut, à son gré, le retirer.

»On le voit, Messieurs, ce serait abuser de la qualification de *monopole* que de l'appliquer à l'exercice d'un droit qui n'a été créé que dans l'intérêt d'une paternelle justice. Et comment supposer qu'un monopole abusif eût été établi précisément à l'époque où l'on abolissait la vénalité des charges, et où les monopoles s'écroulaient de toute part?

»Mais, dit-on, les huissiers sont tous immatriculés au tribunal de première instance de l'arrondissement; ils sont tous tenus de verser un cautionnement. N'est-il donc pas injuste, quand ils ont été nommés aux mêmes conditions, soumis aux mêmes charges, de former entre eux des catégories et de priver le plus grand nombre de la libre concurrence dans les actes des justices de paix?

»La réponse est facile. Les huissiers ordinaires, actuellement en exercice, ont tous été nommés postérieurement à la création des huissiers-audienciers chargés exclusivement du service des justices de paix, lesquels, depuis la loi du 28 floréal an 10, ne peuvent être désignés que parmi les huissiers ordinaires.

»Il est vrai, néanmoins, que les modifications qui surviennent dans la compétence des juridictions réagissent sur la situation des officiers ministériels; qu'ainsi l'augmentation de la compétence des justices de paix, favorable aux huissiers de ces justices, diminuera proportionnellement le nombre des actes des huissiers ordinaires. Mais, comme l'a dit l'honorable rapporteur de votre commission, l'intérêt particulier ne peut, en ces matières, prévaloir sur l'intérêt général. On n'admettra jamais que l'amélioration de la justice soit subordonnée au calcul d'éventualités dans le produit des offices, et doive s'arrêter devant celles qui le réduiraient. Il ne saurait y avoir de *droits acquis* dans la quotité nécessairement aléatoire du produit des offices; c'est trop déjà que d'avoir érigé ces offices en titre de propriété, privilége désastreux, source d'embarras de **jour** en jour plus sensibles.

»On dit encore que la libre concurrence **de**

tous les huissiers du canton pour les actes des justices de paix est nécessaire dans l'intérêt des justiciables, en ce qu'elle leur permet de choisir celui qui leur paraît le plus digne de confiance, tandis qu'aujourd'hui ils sont contraints de s'adresser à l'huissier investi du droit exclusif d'exploiter, quelquefois même à celui qui a déjà prêté son ministère à la partie adverse.

» N'exagérons pas cet inconvénient. Dans la plupart des cantons, le nombre des huissiers attachés à la justice de paix s'élève à deux. S'il n'y en a qu'un, et que, dans des cas rares, la partie qui doit recourir à son ministère suspecte son impartialité, il lui sera facile de recourir, avec l'agrément du juge de paix, au ministère d'un autre huissier ; car tel est l'avantage de cette justice simple et rapide qu'elle suffit aisément à tous les besoins. N'oublions pas enfin que la plus sûre garantie de l'exactitude et de l'impartialité des huissiers des justices de paix est dans cette surveillance continuelle qu'exerce sur eux un magistrat toujours présent.

» Je n'admets pas davantage à l'appui du système de la libre concurrence cette considération que, dans le système opposé, la présence continuelle du même homme devant un magistrat exerce un empire qui fait toujours perdre à la justice quelque chose de sa dignité.

» Cette objection, si elle était fondée, ne devrait pas se borner à la présence de l'huissier ; elle ne serait pas moins forte à l'égard du greffier. La majorité de la commission a pris soin elle-même d'en affaiblir et presque d'en dénier la valeur, puisqu'elle impose aux juges de paix l'obligation de choisir leurs huissiers-audienciers au nombre de deux au moins, et que ce choix, ainsi borné, perpétuerait, comme il arrive déjà. les mêmes hommes en leur présence. Seulement, comme les huissiers-audienciers ne conserveraient plus les mêmes avantages, craignant moins de perdre un titre qui pourrait leur devenir onéreux, ils s'efforceraient de l'exploiter pour soutenir la concurrence active des autres huissiers du canton, au lieu de se prêter avec un utile désintéressement aux vues conciliatrices du juge de paix.

» La commission veut que deux huissiers-audienciers au moins soient attachés à toute justice de paix. Cela supppose qu'il y aura au moins deux huissiers-audienciers dans chaque canton. Tel n'est cependant pas l'état actuel des choses : dans certains cantons, il existe beaucoup d'huissiers-audienciers, ceux par exemple dans lesquels se trouve le siége d'un tribunal d'arrondissement ; mais dans un grand nombre d'autres, il n'y en a qu'un, et dans plusieurs il n'y en a pas du tout. Comment faire dès-lors ? Ce serait vouloir l'impossible que d'exiger dans ces cas que deux huissiers au moins fussent attachés à la justice de paix.

» La commission veut qu'il y ait des huissiers de canton, et que tous aient le droit d'exploiter devant la justice de paix. D'après le décret du 14 juin, relatif à la profession d'huissier, il n'existe que deux classes d'huissiers, les huissiers d'arrondissement et les huissiers-audienciers. Il n'y a pas d'huissiers de canton ; il est donc évident que la disposition du projet serait en opposition contradictoire avec le droit commun. En vain aurait-on déclaré que les huissiers de canton peuvent instrumenter devant la justice de paix, et que le privilége accordé par le décret de 1813 aux huissiers-audienciers aurait disparu. Le droit commun reprendrait nécessairement toute sa force ; les huissiers d'arrondissement pourraient instrumenter dans le canton. Il ne résulterait pas en effet de l'article de la commission que les huissiers du canton exploiteraient seuls devant le juge de paix. Cette disposition dépasserait donc le but que s'est proposé la commission ; il en naîtrait une dérogation à la loi générale, qu'elle n'a pas entendu introduire.

» Ajoutez que la qualité d'audiencier entraîne certains devoirs spéciaux. L'huissier audiencier est obligé d'être, en quelque sorte, aux ordres du magistrat ; de tels devoirs doivent amener comme conséquence et comme compensation, certains émolumens, certains avantages. Il ne s'agit donc pas, d'attribuer ou de maintenir un privilége proprement dit, mais d'appliquer une règle de justice distributive.

» Devant les tribunaux de première instance, les audienciers signifient seuls les actes d'avoué à avoué, et font les significations de jugemens par défaut, et des droits analogues existent au profit des audienciers auprès des cours d'assises et des tribunaux de commerce. D'après le système de la commission, les tribunaux de paix seraient la seule juridiction ayant des audienciers dépourvus d'attributions spéciales, à raison du travail plus considérable auquel les officiers ministériels sont obligés de se livrer.

» La commission objecte encore que le choix du juge fera rejaillir sur les huissiers non choisis une sorte de défiance et de réprobation. C'est une crainte qui n'est nullement justifiée par les faits. Jusqu'à ce jour le choix, par le juge de son huissier-audiencier, n'a nullement nui à la considération des autres huissiers, et il en est des huissiers-audienciers comme des notaires certificateurs ; beaucoup de notaires ne sont pas investis de ce titre, et personne ne s'est imaginé qu'ils étaient pour cela frappés de réprobation.

« On a jeté dans la discussion une idée singulière : La question de monopole et de concurrence. Je ne comprends rien à une plainte de cette nature. Il y a d'autres personnes qui diront que tous les huissiers sont des monopoleurs, attendu qu'il faut nécessairement s'adresser à ces fonctionnaires.

« On a parlé de concurrence, mais peut-il y avoir ici concurrence ? Les tarifs indiquent ce que coûtent les actes. Je conçois la concurrence entre marchands, les marchandises ont un cours plus ou moins élevé ; ici il n'y a rien de pareil. Aussi je ferai remarquer que, dans les pétitions, je n'en ai trouvé aucune qui vous fût adressée par des justiciables; il n'y en a pas non plus de la part des juges de paix, qui savent remplir leurs fonctions; je ne trouve que des pétitions faites par des huissiers des campagnes; ils se plaignent du monopole des villes, de la concurrence, comme si leurs fonctions étaient une marchandise à livrer au rabais. Vous n'avez qu'une chose à considérer, l'intérêt bien entendu des justiciables, prenez garde de détruire par les considérations qu'on vous a présentées une partie des bénéfices de votre loi.

« Il y a des actes d'exécution qui appartiennent à tous les huissiers. Maintenant, pour engager le procès, ce sont des huissiers-audienciers qui ont la confiance des juges de paix, qui seuls dressent les premiers actes; ce sont ceux-là qui, ayant cette confiance, n'abuseront pas de leur position pour se jeter dans de mauvais procès. »

Ces raisons sont graves, mais elles ne balancent pas, selon nous, les nombreux inconvéniens qui naissent du privilége qu'on voulait conserver en faveur des huissiers-audienciers; et puis d'un autre côté il y avait, à part l'intérêt des justiciables, des motifs d'équité qui devaient faire proscrire ce qui, quoi qu'on en ait dit, était un véritable monopole : voici au reste ces motifs :

« La libre concurrence des huissiers pour les justices de paix est en effet, une mesure d'équité a dit M. Drault. Tous les huissiers ont le même cautionnement, ils sont tous obligés à faire les mêmes preuves de capacité; ils ont également droit à la confiance publique. Je ne vois pas quelles seraient les raisons qui priveraient les citoyens de s'adresser, pour placer leur confiance, plutôt à tel huissier qu'à tel autre. Il faudrait, pour qu'il en fût autrement, donner des motifs graves : on n'en a donné aucun.

» On sait combien ont été nombreuses les réclamations contre l'existence du droit actuel, qui est l'exclusion de tous les autres huissiers pour l'exploitation des actes devant les justices de paix. .

» Eh bien! si l'on trouve le droit des huissiers des juges de paix exorbitant, ce n'est pas une raison pour l'étendre encore lorsque nous augmentons la compétence des tribunaux de paix.

» S'il faut dire que dans notre droit actuel il y a privilége, monopole injuste en faveur des huissiers des justices de paix, que sera-ce donc quand vous aurez adopté le projet proposé?

» L'injustice du monopole actuel est tellement vraie et a été tellement sentie, que sous l'existence de la législation en vigueur, à Poitiers, par exemple, le droit d'exclusion a paru si exorbitant, que quand un huissier du tribunal civil a un acte à faire devant la justice de paix, le juge oblige son huissier-audiencier à donner sa signature à son confrère, tant il est vrai que la commission a été sage en adoptant le principe de la libre concurrence.

» L'article du gouvernement présente un avantage tel que les huissiers ne seront plus en droit de se plaindre; le juge de paix pouvant appeler jusqu'à trois huissiers, tous les intérêts seront satisfaits; et même dans certains arrondissemens ce nombre dépassera quelquefois celui des huissiers de canton. Il ne faut pas, Messieurs, perdre de vue que ce nombre de trois n'est que facultatif, et que dans quelque circonstance, soit qu'il se soit abusé, soit qu'il se laisse diriger par certaines considérerations particulières, il pourra ne choisir qu'un huissier et frapper ainsi d'exclusion les autres huissiers du canton : et ceci a une grande importance, car les huissiers-audienciers étant appelés à faire des actes qui, au moyen de l'élévation de la compétence, comprendront presque tous les actes de leur ministère, de telle sorte que les autres se trouveront exclus pour ainsi dire de l'exercice d'une profession pour quelle ils sont cependant nommés et patentés par l'Etat, après avoir fait de grands sacrifices pour l'achat de leurs charges; sous tous les rapports, c'est un acte d'injustice que vous ajoutez à celle dont ils se sont déjà plaints si souvent. Car, aujourd'hui, grâce à l'élévation de la compétence, vous multipliez les actes à l'égard desquels les huissiers non audienciers ne pourront plus instrumenter; il est donc impossible, sous ce rapport, de maintenir la disposition du gouvernement, et il convient d'adopter l'amendement de la commission.

» La nécessité pour les huissiers-audienciers d'assister à l'audience et d'y remplir certaines fonctions qui absorberaient une grande partie de leur temps, sera compensée par certains avantages que leur caractère leur donnera. Ainsi, par exemple, la signification des jugemens par défaut, les enquêtes, etc.; sous ce rapport, il est certain que lorsqu'il plaira au juge de paix de les commettre à ces significations, ils y trouveront des compensations bien suffisantes.

» D'ailleurs l'intérêt des justiciables peut-il être compromis, lorsque nous trouvons, indépendamment de l'art. 19, la disposition de l'art. 17, qui permet aux juges de paix d'obliger l'huissier à se pourvoir d'une lettre à fin de conciliation avant que la citation puisse être donnée? Eh bien! dans cette circonstance, la lettre ayant été envoyée, les parties ayant paru en personne devant le juge de paix, s'il permet de donner assignation, l'huissier-audiencier et l'huissier étranger au tribunal sont dans la même position, et je ne vois pas en quoi l'huissier non audiencier pourrait faire quelque chose de contraire à son devoir et aux intentions du juge de paix.

» Quel est l'état des choses aujourd'hui? La loi de 90 avait donné aux juges de paix une compétence extrêmement restreinte : jusqu'à concurrence de 100 francs en premier ressort, et de 50 francs en dernier ressort. Ces juges de paix ne tenaient d'audience que tous les huit jours dans certaines localités, et tous les quinze jours dans d'autres; on n'avait pas voulu que tous les huissiers d'un même canton pussent exercer devant une justice ainsi réduite, et créer des procès dont les élémens n'existaient pas, et on avait désigné un ou deux huissiers qui seraient chargés de faire le service des audiences et de signifier les actes. Mais successivement les attributions des juges de paix se sont agrandies ; les juges de paix ont reçu des attributions diverses multipliées et qui, par parenthèse, ne semblaient pas toujours compatibles avec leur institution. Dès lors se sont élevées des plaintes, non seulement des huissiers, mais des parties ayant besoin d'un officier ministériel, et qui trouvaient dans cet officier l'huissier-audiencier du juge, quelquefois le conseil de leur partie adverse et l'homme qui s'était chargé de diriger et de pratiquer contre elles les poursuites.

»Sur près de dix mille huissiers, il y en a six mille et tant qui sont menacés d'être sans occupation. Dans l'état actuel de la société nouvelle, le gouvernement ne doit-il pas tendre à ce que le travail se partage, pour éviter les abus que les professions sans emploi ne manquent pas d'entraîner après elles? Ne faut-il pas empêcher que le travail ne soit pas dans les mains de quelques-uns à l'exclusion des autres? Qu'importe que quelques huissiers de Paris vendent leur charge 150,000 francs? Si, d'un autre côté, il s'en trouve d'autres qui meurent de faim, et que cette malheureuse situation, qui peut pousser à commettre des actes contre la délicatesse, soit le résultat de votre loi, qui retire d'une main le bienfait qu'elle accorde de l'autre.

»Voyez devant les tribunaux où les plus grands intérêts se discutent : on ne croit pas devoir prendre ces misérables précautions, on ne témoigne aucune défiance; les huissiers font des actes, donnent des citations, signifient les jugemens et les ramènent à exécution ; ils font des actes d'offre, ils exercent la contrainte par corps, ou saisissent les meubles et les immeubles, sans plainte et sans inconvénient ; et lorsque vous êtes si larges là où la séduction des frais, la corruption sont plus à craindre pour des intérêts sans limites, vous leur déniez toute moralité pour une contestation de 100 ou 200 francs.

»Jusqu'en 1835, toutes les commissions avaient été du même avis, de la libre concurrence ; le projet du gouvernement se prononçait alors pour le privilége. Une commission fut nommée et convoquée à la chancellerie, on la composa des magistrats les plus éclairés, les plus élevés : tous ceux qui la composaient furent unanimes sur le point qui nous occupe, et la commission de la Chambre de 1835 consacra deux fois le même principe. Tous furent d'avis d'abolir le privilége comme contraire à l'intérêt public. Ce n'est pas tout. La Chambre, l'année dernière, a manifesté la même opinion. Seulement un inconvénient avait été signalé. Dans les villes divisées en plusieurs justices de paix, il faut un avertissement. Il pourrait se faire que 150 huissiers vinssent donner le même jour citation devant le juge de paix et éluder ses prescriptions. Des mesures sont prises pour obvier à cet inconvénient, qui pourrait également se produire devant les tribunaux civils et devant les tribunaux de commerce ».

Les objections disparaissent donc sur ce point comme sur tous les autres.

ARTICLE DIX-SEPT.

Dans toutes les causes, excepté celles où il y aurait péril en la demeure, et celles dans lesquelles le défendeur serait domicilié hors du canton ou des cantons de la même ville, le juge de paix pourra interdire aux huissiers de sa résidence de donner aucune citation en justice, sans qu'au préalable il n'ait appelé, sans frais, les parties devant lui.

La commission nommée pour l'examen du projet de loi présenté en 1835 avait proposé à la place de la disposition dont nous allons nous occuper un article ainsi conçu, il formait le 19ᵐᵉ du projet :

Dans toutes les causes, excepté celles où il y aura péril en la demeure, et celles dans lesquelles le défendeur sera domicilié hors du canton ou des cantons de la même ville, il ne pourra être donné aucune citation sans qu'au préalable il ait été expédié par le greffier au défendeur, un avertissement timbré, pour une audience ultérieure.

A cet effet, il sera ouvert par le greffier un registre sans timbre constatant l'envoi de l'avertissement. Ce registre sera paraphé par le juge de paix; le greffier recevra pour tout droit une rétribution de 15 cent.

En cas d'infraction aux dispositions ci-dessus de la part de l'huissier, il supportera, sans répétition, les frais de l'exploit et pourra même être condamné à dix francs d'amende.

Le nouveau projet de loi présenté à la Chambre des députés, le 6 janvier 1837, ne reproduisit pas cette disposition ; mais elle fut reprise par la commission d'examen de ce projet, qui en fit les art. 12 et 13 de la loi, adoptés par la Chambre des députés, avec cette différence que les frais d'avertissemens, attribués aux greffiers, étaient portés à 25 centimes, et qu'il était mentionné, que l'infraction de la part de l'huissier aux dispositions prescrites l'exposait à une amende, mais n'entraînait pas la nullité de la citation.

Malgré cela la Chambre des pairs, tout en reconnaissant que partout où l'usage de ces avertissemens préalables avait été officieusement introduit par le juge de paix, le succès avait été complet, repoussa ces deux articles, par les raisons exposées par son rapporteur, que la prescription que l'on voudrait introduire dans la loi ne laissait pas le fait entier et identique ; qu'en rendant les avertissemens obligatoires on courrait le risque de les dénaturer ; qu'on compromettrait ainsi toute leur efficacité.

Enfin, repris de nouveau par la commission de la Chambre des députés, lorsque le projet de loi amendé par la Chambre des Pairs fut soumis à un nouvel examen, le principe qui présida à la rédaction de la commission de 1835, fut maintenu ; mais, comme on peut le voir, sous une forme différente.

Ainsi aujourd'hui, l'avertissement préalable n'est pas une chose obligatoire pour le juge de paix ; mais, des termes mêmes de la discussion ressortira la preuve que pour n'être pas formellement prescrite par la loi, cette mesure n'en est pas moins obligatoire, sous la réserve des cas et dispenses particuliers.

Nous croyons inutile d'analyser les différentes discussions qui ont eu lieu sur ce point, parce qu'on en trouvera un résumé complet dans les discours de présentation et les rapports qui forment la première partie de notre commentaire.

Dans le cas où un huissier donnerait une citation en justice de paix, sans l'avertissement préalable dont nous parlons, il s'exposerait à la pénalité indiquée et rappelée dans l'art. 19, que nous examinerons tout à l'heure. Mais la citation donnée n'en serait pas moins bonne et valable.

Dans le cas où un huissier lancerait une citation devant le juge de paix d'un canton voisin de celui de sa résidence, cette citation serait-elle nulle ?

Pour l'affirmative, on peut dire que, si l'article 16 a détruit le privilége établi par l'art. 4 du Code de proc. civ., au profit de l'huissier-audiencier de la justice de paix, il n'a nullement modifié la loi d'institution des huissiers, et qu'un huissier ne peut pas plus instrumenter devant la justice de paix d'un canton tout autre que celui de sa résidence, qu'il ne pourrait le faire devant un tribunal d'arrondissement, autre que celui devant lequel il exerce ; que dans le cas où sa qualité n'existe plus, l'acte qu'il a signifié tombe, non pas parce qu'il est fait par un officier public incompétent, mais parce que,

hors de la juridiction dans laquelle il instrumente, cet officier n'ayant plus aucun caractère public, cet acte manque de l'une des conditions les plus essentielles à son existence ; on peut ajouter que le juge de paix n'ayant un moyen de répression que contre les huissiers de son canton, il arriverait, si on admettait la validité de cette citation, que le juge de paix n'aurait plus aucun moyen de faire exécuter les ordres que l'article suivant l'autorise à donner, relativement à l'avertissement préalable.

Pour la négative on peut se fonder, au contraire, sur l'art. 1030 du Code de proc. civ., qui défend aux juges de prononcer une nullité qui ne serait pas prescrite par la loi, et encore sur la discussion à laquelle ont donné lieu l'art. 16 et les deux suivans.

L'intention des rédacteurs de la disposition, qui en dernier résultat fut admise et est restée au projet, n'a jamais été de modifier sur ce point le sens de l'article proposé par la commission de 1837, elle l'a rejeté seulement comme inutile, ainsi qu'une autre disposition, proposée par M. Teniers (V. *Mon.* du 26 avril 1838), et qui consistait à exprimer que, lorsqu'un huissier de l'arrondissement donnerait une assignation devant le juge de paix d'un canton qui ne serait pas le sien, il encourrait l'amende voulue par l'art. 13 de la loi du 27 mars 1791, mais que la nullité de l'assignation ne s'ensuivrait pas naturellement.

La disposition de la loi, qui porte une pénalité contre les huissiers qui instrumentent hors du canton, continuera de subsister, dit en cette occasion M. le rapporteur, et quant à la nullité, nous restons dans les termes du droit commun, il ne faut donc pas surcharger la loi de détails minutieux et superflus.

Aux termes de l'article dont il s'agit ici, le juge de paix peut, avant d'autoriser l'huissier à donner citation à la partie défenderesse, inviter les parties à comparaître devant lui; cette invitation se fait ordinairement par lettres envoyées par l'intermédiaire de la partie. A ce sujet point de difficultés ; mais à qui, de l'huissier ou du greffier, appartiendra le droit et la charge de faire parvenir cet avertissement ? Autrefois, et par suite du privilége attribué à l'huissier-audiencier, ce dernier pouvait, jusqu'à un certain point, être considéré comme l'homme du juge de paix ; et alors la solution a pu paraître un instant douteuse. Mais aujourd'hui cela ne peut plus faire sérieusement question. Sans contredit le juge de paix peut se charger lui-même de faire parvenir les lettres de convocation pour le jour par lui indiqué ; mais lorsqu'il ne veut pas se charger de ce soin, c'est tout naturellement le greffier qui doit en être chargé.

Toutefois, dans ce cas, le greffier a-t-il le droit de percevoir un minime salaire pour les billets d'avertissemens ? Peut-il, au contraire, aux termes de l'art. 174 du Code pénal, être réputé concessionnaire, s'il reçoit **une rétribution pour ces billets?**

Il est hors de doute, disions-nous, même avant la loi nouvelle (V. *Annales*, t. 5, p. 140), qu'il n'y a dans la perception d'un droit pour ces lettres d'avertissement aucun des caractères de la concussion, aussi nous n'hésitons pas à ré soudre ainsi cette double question; oui, un droit peut être perçu; non, il n'y a là aucun des caractères de la concussion.

L'art. 7 du Code de proc. civ. pose en principe la comparution volontaire devant la justice de paix. Cela nécessite donc un avertissement préalable lorsque le demandeur doit y avoir recours. Mais cet avertissement, qu'il émane du juge ou du greffier, donne lieu à des déboursés pour le papier, l'impression, etc., et les 20 ou 25 cent. que paya le demandeur pour obtenir la lettre ou le billet d'avis n'est que l'équivalent des déboursés. On a tiré une objection contre notre décision, de ce que dans quelques endroits, par la fréquence de l'usage, les greffiers recevaient de cette façon un surcroît d'émolumens qui s'élevait quelquefois jusqu'à 2,000 fr. Nous dirons d'abord que le chiffre que l'on oppose est évidemment exagéré; toutefois en l'admettant comme exact nous croyons que cela ne change rien à notre solution, car, nous le répèterons ici encore, la concussion n'existe que dans l'hypothèse du forcement d'un honoraire tarifé, ou encore dans la perception illicite d'un honoraire non dû, et il est évident qu'elle disparaît en présence du caractère d'indemnité que l'on est forcé d'attribuer dans le silence du tarif, au paiement des billets dont il s'agit.

Les officiers ministériels aussi sont réputés concussionnaires lorsqu'ils perçoivent plus qu'il ne leur est alloué par le tarif, mais cela n'empêche pas les tribunaux de leur accorder une action en paiement d'honoraires supplémentaires lorsqu'ils ont fait en dehors de leurs fonctions légales ou officielles des démarches particulières, lorsqu'ils ont donné enfin à l'affaire des soins extraordinaires. La jurisprudence est maintenant invariablement fixée sur ce point. Eh bien ! n'est-ce pas ici un point absolument identique.

Toutes les commissions qui avaient exigé formellement l'avertissement préalable avaient alloué une indemnité au greffier, et cela n'avait soulevé aucune objection, tout le monde convenait qu'on ne pouvait imposer une charge à des officiers publics sans aucun bénéfice pour compensation. On sentait que décider le contraire c'eût été consacrer une iniquité flagrante. C'eût été enlever au greffier de paix une por-

tion de la rétribution déjà trop minime qui lui est attribuée par la loi, lorsque les chambres en rejettant la disposition introduite, n'ont eu en vue de proscrire ni cette mesure ni le mode d'exécution indiqué; qu'au contraire tous leurs orateurs l'ont approuvé et que la loi n'a omis d'en faire une obligation générale, qu'afin de laisser aux juges de paix tout le mérite de cette mesure. *V.* Circulaire du minist. de la Justice, du 6 juin 1838.

Mais le principe étant admis doit-on rejeter ce que tout le monde s'est accordé à considérer comme étant la conséquence de ce principe?

Sans doute il faut surveiller avec soin la perception des droits des officiers publics ; sans doute il ne faut pas souffrir qu'ils abusent de leur qualité, de leur position pour aider le fisc à rançonner les pauvres et malheureux plaideurs. Mais avant il faut être juste même envers ces officiers; leur position sociale, excepté dans les grandes villes, est loin d'être assez brillante pour qu'en leur imposant un surcroît de travaux l'on veuille encore diminuer leur modique traitement et laisser à leur charge des frais nécessaires, indispensables, et qui, quoique minimes, se multipliant à l'infini, formeront annuellement une somme assez importante. Voyez au reste ce que nous avons déjà consigné à ce sujet dans nos *Annales*, t. 3, p. 1, 65 et t. 4, p. 50.

L'art. 17 excepte de la disposition qu'il autorise le juge de paix à prescrire, les cas où il y aurait péril en la demeure, et ceux où le domicile du défendeur est situé hors du canton ; pour cette dernière exception, il s'agit d'un point matériel toujours facile à vérifier: il ne peut donc, à ce sujet, s'élever aucune controverse. Mais il n'en sera peut-être pas ainsi de la première exception. 1° Quand y aura-t-il péril en la demeure ? 2° Qui sera juge de cette question ? Nous avons expliqué fort au long sous l'art. 12 ce qu'il faut entendre par ces mots *péril en la demeure*, nous y renverrons donc le lecteur. Et quand au second point, nous en trouvons la solution dans la circulaire publiée le 6 juin 1838 par le ministre de la justice. « *Tantôt, y est-il dit, le magistrat lui-même sera juge de l'urgence, si l'huissier a eu le temps de le consulter, tantôt, si le temps, lui a manqué la justification de ce dernier sera dans les faits mêmes qui caractérisent cette urgence; ce sera à lui de la bien apprécier, et de n'engager qu'avec discernement sa responsabilité.* »

ARTICLE DIX-HUIT.

Dans les causes portées devant la justice de paix, aucun huissier ne pourra, ni assister comme conseil, ni représenter les parties en qualité de procureur fondé, à peine d'une amende de 25 à 50 fr., qui sera prononcée sans appel par le juge de paix.

Ces dispositions ne seront pas applicables aux huissiers qui se trouveront dans l'un des cas prévus par l'article 86 du Code de procédure civile.

Voici les termes de l'art. 86 du C. de proc. : *Les parties ne pourront charger de leur défense, soit verbale, soit par écrit, même à titre de consultation, les juges en activité de service, procureurs généraux, avocats généraux, procureurs du roi, substituts du procureur du roi, même dans les tribunaux autres que ceux près desquels ils exercent leurs fonctions : pourront néanmoins les juges, procureurs généraux, avocats généraux, procureurs du roi, substituts des procureurs généraux et du roi, plaider dans tous les tribunaux leurs causes personnelles et celles de leurs femmes, parens ou alliés en ligne directe, et de leurs pupilles.*

Ainsi, malgré les défenses de l'art. 18, les huissiers pourront se présenter comme conseils ou comme fondés de pouvoirs, dans toutes les affaires où seront parties, eux personnellement d'abord, et ensuite leurs femmes, parens ou alliés en ligne directe ou leurs pupilles.

L'article du projet primitif qui correspondait à celui de la nouvelle loi dont nous nous occupons, avait une disposition qui portait qu'en cas de récidive, le tribunal de première instance près duquel l'huissier exercera ses fonctions, prononcera contre lui, sur le vu du procès-verbal du juge de paix, une suspension de quinze jours à trois mois.

Lorsque ce projet vint à la chambre des pairs, on proposa de modifier la défense portée par cet article et de déclarer les fonctions de conseil ou de procureur fondé devant les justices de paix, incompatibles avec le ministère d'huissier *exploitant.*

Comme on le voit, l'adoption de cette proposition aurait totalement détruit le principe admis par la loi.

En effet tous les huissiers auraient pu cumuler leurs fonctions avec celles de procureurs fondés, mais seulement il aurait été fait une exception pour le cas où l'huissier *aurait exploité dans la cause.*

Cette proposition fut vivement soutenue à la chambre des pairs : on prétendit que le principe admis par la loi, était une innovation dangereuse qu'il fallait bien se garder d'ajouter aux innovations de la loi nouvelle déjà si nombreuses.

C'était là une erreur; en voici la preuve.

Une loi du mois d'octobre 1790, avait décidé qu'aucune personne exerçant des fonctions relatives à l'ordre judiciaire ne pourrait représenter les parties devant la justice de paix. Une loi de 1791 avait exprimé une exclusion semblable au sujet de la comparution au bureau de conciliation.

Mais les professions dont la mission consiste à représenter les parties en justice, ayant perdu leurs priviléges peu de temps après, dès ce moment la prohibition exprimée par les lois de 1790 et de 1791 n'eut plus d'objet.

L'institution des avoués fut rétablie en 1801. Le 18 thermidor an 2, il fut pris un arrêté des consuls, qui renouvela l'exclusion écrite dans les lois précédentes au sujet de la profession d'huissier seulement. Cet arrêté dispose que les fonctions d'huissier et celles de défenseur officieux ne pourront être cumulées.

Il est bon de remarquer qu'à cette époque, dans l'usage, on nommait défenseurs officieux les avocats auxquels ce titre n'avait pas encore été rendu. Lors de la discussion du Code de procédure, sur le titre de la procédure devant les juges de paix, s'est élevée la question de savoir si l'on devait reproduire les prohibitions qui se trouvaient écrites dans les lois de 1790 et de 1791. Une opinion contraire a prévalu à cette époque, et une disposition générale insérée dans le Code de procédure, permet en justice de paix, aux parties, de se faire représenter par des fondés de pouvoirs.

Plusieurs fois, on s'est demandé si les huissiers pouvaient, devant les tribunaux qui n'admettent pas de fonctions spéciales pour défendre les parties, se présenter comme procureurs fondés. Toutes les fois que l'administration a été saisie de cette question, ou lorsque la même question a été portée devant les cours supérieures, elle a été décidée dans le sens de l'exclusion.

C'est ainsi que des instructions ont été transmises en 1821 par le ministre de la justice; c'est ainsi que des cours royales, celles d'Amiens et celle de Riom, ont décidé que, devant les tribunaux de commerce, les huissiers ne pouvaient être admis à représenter les parties comme procureurs fondés, et cela par application de l'arrêté du 18 thermidor an 2. V. notamment *Annales*, t. 1er, p. 38 et 69.

On voit donc que la prohibition portée par l'article dont nous nous occupons est bien ancienne déjà. Arrivons maintenant à rendre compte de la discussion qui a eu lieu, et à la suite de laquelle l'amendement de la commission a été rejeté.

»Si l'on indique, disait-on d'un côté, une profession, celle des huissiers qui sont là auprès du juge de paix, comme ayant la mission, ou si l'on veut, comme pouvant recevoir la charge de représenter les parties, on verra les plaideurs recourir à eux, par la force même des choses, et par une habitude qui ne manquera pas de s'établir. Une profession se trouvant ainsi accréditée auprès du juge pour exercer la défense, l'influence directe du magistrat aura moins d'occasion de s'exercer. Si une partie a donné à un huissier le pouvoir de se présenter pour elle, l'autre ne manquera pas de recourir à un pareil intermédiaire. Il passera en fait et en usage que les huissiers sont les conseils et les avocats auprès des tribunaux de paix.

»Les fonctions de l'huissier le destinent à remplir, entre les plaideurs, un rôle de neutralité : il est chargé de mettre à exécution les actes de la justice, et il reçoit les significations à faire de la part de l'une à l'autre partie. S'il arrive cependant qu'un tel fonctionnaire reçoive la mission de représenter l'une d'elles afin de la défendre, il épouse son intérêt, quelquefois sa passion ; il devient une autre elle-même ; il s'écarte ainsi tout-à-fait de la destination qu'il a reçue de son caractère public.

»Cet officier public jouit du privilige de signifier tous les actes de la justice de paix, sous la condition qu'il restera à la disposition entière des justiciables, qu'il ne sortira pas pour cela de son caractère d'impartialité, qu'il n'épousera la querelle d'aucun plaideur, et qu'il appellera la confiance au lieu de l'éloigner. Le ministère de l'huissier est forcé et doit être exercé sans acception de personnes. Ce ministère ne pourra donc être refusé, quand même il serait question de signifier un jugement au plaideur que l'huissier aura défendu, quand même il faudrait le saisir dans ses meubles, et l'en exproprier ; l'huissier pourrait ainsi se voir obligé d'exercer ces actes de rigueur contre la personne dont il était chargé naguère de soutenir les prétentions et les intérêts, l'incompatibilité entre des dispositions et des devoirs aussi différens est évidente.

»En outre, l'huissier est le subordonné du juge de paix, il est soumis à sa surveillance, il est exposé à l'exercice de son pouvoir disciplinaire comme audiencier ; il reçoit même les ordres du juge de paix dans des choses tout-à-fait matérielles ; il lui doit en cette qualité entière obéissance. S'il lui est permis de se faire défenseur, il se placera en quelque sorte au même rang que le juge de paix : dans les développemens de la défense, il prétendra lui expliquer la loi et lui indiquer ses devoirs. Puisqu'il sera huissier, en même temps, le défenseur manquera de la liberté et de l'indépendance nécessaires pour bien remplir le mandat qu'il tient de son client ; et puisque, d'un autre côté, l'huissier s'élèvera au rôle de défenseur, n'est-il pas à craindre de le voir sortir de ce respect envers le juge qui lui est commandé par sa position d'officier ministériel ?

»Une dernière considération ne manquera pas de frapper la Chambre. Aujourd'hui, les charges d'officiers ministériels sont l'objet de transmissions à titres onéreux. Dans ces transmissions, celui qui cède son office fait entrer en ligne de compte, pour en déterminer le prix, tout ce qui peut être l'occasion d'un profit pour sa profession. Il en est un exemple assez remarquable : les charges de greffier se vendent aussi à prix d'argent. Ces officiers reçoivent de l'état un traitement fixe, qui ne leur est pas donné pour qu'ils en fassent commerce et trafic. Cependant, quand ils se donnent un successeur, ne pensez pas qu'ils oublient jamais de faire entrer en compte ce traitement, conséquence nécessaire de la charge susceptible d'être transmise.

»De même l'huissier qui aura acquis une clientèle comme défenseur (et à l'avenir, ce pourrait être un accessoire d'autant plus important de ces charges que de nouvelles attributions seront conférées à la justice de paix), ne manquera pas de représenter quels sont les avantages de sa double profession et d'imposer une valeur pour l'une et pour l'autre. De là que de mécomptes possibles : faut-il fournir ainsi un nouvel aliment au renchérissement déjà signalé tant de fois des charges d'officier ministériel ?»

» Il a été dit dans une autre session que le projet de loi n'avait pas pour objet de signaler une classe d'officiers publics comme indigne de la confiance des parties. Il me semble cependant qu'il s'agit ici d'une exclusion si absolue, si générale, qu'on ne peut guère lui assigner un autre caractère. Il serait à désirer, il est vrai, que les parties se présentassent elles-mêmes, et s'il y avait un moyen légal de contraindre à cette comparution, il faudrait l'adopter. Mais si les parties doivent avoir droit de choisir quelqu'un pour les défendre, peut-on et doit-on exclure une classe de citoyens. Dans les villes, des hommes instruits consentent souvent à venir plaider devant la juridiction de paix ; il n'en est pas de même dans les campagnes. Là on est obligé de prendre, sans choisir ce qui existe. Or, votre expérience doit vous avoir appris que, dans la plupart des cantons ruraux, il n'y a que deux classes d'hommes dans lesquelles on puisse choisir : ceux qui se sont occupés un peu d'affaires litigieuses, tels que les huissiers, et puis ceux que nous appelons les mauvais praticiens, ces hommes qui n'ont aucune considération, ni morale, ni pécuniaire ; ces hommes enfin qui n'ont aucun état, et qui font tous les états. Ainsi, ce sont tantôt des hommes qui servent de recors à des huissiers ; d'autres fois ce sont des hommes qui par de mauvais conseils, conduisent les familles à des résultats facheux. Et bien ! il n'y a pas de milieu, il faut dans les campagnes que les parties choisissent entre ces deux classes d'hommes.

»Parlons maintenant de ce qui existe. On a dit que toutes les fois que cette question s'était élevée, l'autorité avait déclaré l'incompatabilité du ministère d'huissier avec le ministère du défendeur. Je ne sais jusqu'à quel point cette assertion est fondée ; mais je dirai que jamais les Cours royales, que jamais la Cour de cassation n'ont prononcé une pareille incompatibilité ; que la législation actuelle ne permettait pas de la prononcer ; et que dans la majeure partie des campagnes, quand les procès en valent la peine, ce sont les huissiers qui représentent et défendent les parties. Ce ne sont pas, si vous voulez, seulement les huissiers choisis par le juge de paix, ce sont encore les huissiers des cantons voisins, et je ne sache pas qu'il se soit élevé la moindre plainte à cet égard. S'il s'en est élevé quelques-unes, c'est peut être contre les huissiers exploitant comme huissiers dans l'affaire, mais non pas contre les huissiers agissant comme défenseurs des parties.

»C'est là la seule exclusion raisonnable qui nous ait paru devoir être introduite dans la loi ; mais l'exclusion totale de tous les huissiers du royaume de toutes les justices de paix comme défenseurs, ce n'est pas admissible, nous avons été unanimes. C'est une opinion qu'aucun des membres de la commission n'a combattue : qu'il y avait dans cette mesure un danger imminent de livrer les parties à la conscience d'individus qui en seraient beaucoup moins dignes que les huissiers.»

Nous terminerons nos explications sur cet article par une réflexion dont nous empruntons la pensée à la circulaire de M. le garde des sceaux dont nous avons déjà parlé.

Le droit commun veut que le juge de paix puisse recourir à tous les moyens légaux d'éclairer sa décision, et la comparution personnelle des parties constitue l'un de ces principaux moyens. Il ne tiendra donc qu'à lui, soit qu'il s'agisse d'une affaire de compétence, soit qu'il ne soit appelé dans la cause qu'à titre de conciliateur, de prescrire cette comparution pour le jour qu'il indiquera, et de décider s'il y a réellement empêchement à ce que l'une des deux parties comparaisse, et si l'excuse qu'elle présente est valable.

ARTICLE DIX-NEUF.

En cas d'infraction aux dispositions des articles 16, 17 et 18, le juge de paix pourra défendre aux huissiers du canton de citer devant lui, pendant un délai de quinze jours à trois mois, sans appel et sans préjudice de l'action disciplinaire des tribunaux et des dommages-intérêts des parties, s'il y a lieu.

Le projet primitif du gouvernement était conçu en ces termes. « *L'application des peines portées par l'article précédent* (il s'agissait de l'amende de 25 à 50 fr.) *ne fera pas obstacle à ce que l'action disciplinaire soit exercée s'il y a lieu.*

La commission de la Chambre des députés (*V^r Mon.* du 26 avril 1838) le remplaça par l'article que nous lisons aujourd'hui, avec cette différence toutefois que ces mots d'exercer devant lui étaient remplacés par ceux-ci *d'exercer dans sa juridiction.*

Cette modification, quoique restreinte à quelques mots, est cependant fort prépondérante. Car, comme on peut le voir, la rédaction proposée par la commission frappait l'huissier d'une véritable suspension momentanée, puisque l'huissier, privé d'exercer dans la juridiction du juge de paix, c'est-à-dire dans toute l'étendue du canton, et obligé d'un autre côté par le décret de 1813 de garder la résidence désignée par le tribunal de 1re instance, l'huissier se trouverait ainsi dans l'impossibilité matérielle d'exercer son état.

On a donc, avec raison, restreint le pouvoir exorbitant que cette rédaction donnait au juge, et cela sans qu'il restât à l'officier ministériel un recours contre un premier moment d'humeur ou de colère, puisque le juge de paix décide sans appel.

L'article tel qu'il est resté ne change rien à l'état actuel des réglemens disciplinaires auxquels sont soumis les huissiers.

D'après nos lois actuelles, cette action est réservée aux tribunaux de 1re instance (*V*. art. 102 et 103 du décret du 30 mars 1808), qui toutefois ne l'exercent pas souverainement. Car toute mesure disciplinaire prononcée par un tribunal est sujette à la révision du ministre. Il n'en sera pas de même pour la faculté réservée aux juges de paix par cet art. 19. Bonne ou mauvaise, sa décision sera souveraine, sans appel ni recours, c'est ce que dit le texte, c'est ce qui a été établi dans la discussion. (*V^r Mon.* du 26 avril 1838.) Voici comment s'explique à cet égard M. le garde-des-sceaux dans sa circulaire du 6 juin 1838.

« Plus cette dérogation à la loi générale qui veut que les décisions disciplinaires ne soient point définitives, sans mon approbation, est grave, plus les juges de paix comprendront qu'ils ne doivent en user qu'avec une sorte de réserve. Mais aussi ce droit a besoin d'exister avec l'étendue nécessaire pour qu'il ait une efficacité réelle. Lorsqu'une ville est divisée en plusieurs justices de paix, l'interdiction ne pouvant s'appliquer à toutes les juridictions de cette nature qui sont établies dans la même résidence, la peine qui aura été prononcée produira toujours l'effet moral qui est attaché à de pareilles décisions; si la répression ne paraissait pas suffisante, ce serait le cas alors de recourir au pouvoir plus rigoureux qui est réservé, c'est-à-dire à l'action en discipline, telle qu'elle est réglée par le droit commun. »

On avait proposé sur cet article un amendement qui consistait à dire que les parties devraient, à peine de 100 et 200 fr. d'amende, comparaître devant le juge de paix et de donner en outre au juge de paix le droit *d'agréer* ou de *refuser* le fondé de pouvoirs ou le conseil spécial qui se présenterait pour défendre, assister ou représenter l'une des parties. Il fut rejeté et par la Chambre des pairs et par la Chambre des députés.

Les principales considérations qui firent repousser cet amendement furent, premièrement que s'il était admis il se formerait près de chaque justice de paix, une espèce de collége *d'agréés*, d'avocats marrons. Ce qu'il fallait surtout et à tout prix éviter. Et deuxièmement que le juge de paix avait toujours en main le moyen de contraindre une partie à comparaître en personne.

M. Portalis avait aussi proposé pour faire suite à cet article, un amendement que voici : *Dans les procès soumis au préliminaire de la conciliation, les parties devront comparaître elles-mêmes devant le juge de paix et sans pouvoir se faire représenter, à moins qu'il ne soit justifié qu'elles en sont empêchées par maladie ou par un éloignement de plus de cinq myriamètres. Faute de comparution et de justification suffisantes, le juge de paix devra prononcer contre la partie défaillante, l'amende portée en l'art. 56 du Code de pr. civ. et ordonner qu'elle sera réassignée à ses frais. Si la partie qui n'a pas comparu en personne, persiste en son refus, il en sera fait mention comme dit l'art. 58 du Code déjà cité, et l'amende prononcée par le juge pourra être portée à 50 fr.*

Cet amendement, comme l'a fait observer son auteur, n'était que la reproduction textuelle des observations de la Cour royale de Paris. Cependant comme les autres il fut rejeté par ces motifs surtout, qu'il n'arrivait pas en son lieu, et ne devait se rencontrer que dans une loi de révision du Code de pr., et ensuite que son objet se trouverait dorénavant rempli par une exécution plus sévère, plus littérale de l'art. 53 du Code de pr. civ.

Enfin, pour revenir à notre article, on voit qu'il n'est aujourd'hui, tel qu'il est passé dans la loi, que la sanction pénale des art. 16, 17 et 18 qui précèdent, et à l'occasion desquels nous nous sommes livrés à de longs développemens.

ARTICLE VINGT.

Les actions concernant les brevets d'invention seront portées, s'il s'agit de nullité ou de déchéance des brevets, devant les tribunaux civils de première instance ; s'il s'agit de contrefaçon, devant les tribunaux correctionnels.

La législation qui régit les brevets d'invention se trouve renfermée aujourd'hui dans les lois des 7 janvier et 25 mai 1791, les décrets des 25 janvier 1807 et 13 août 1810, et dans une circulaire ministérielle du 1er juillet 1817. Ces lois attribuaient aux juges de paix la connaissance du trouble causé à l'exercice du privilége accordé aux brevets, parce que l'action exercée alors était considérée comme une *action possessoire. V.* Henrion de Pansey, ch. 58; Carré, j. de p., t. 3, p. 2 et suiv.

La loi nouvelle leur ayant enlevé le droit de juridiction en ces matières, nous n'avons pas à examiner les principes qui les régissent, ni à rapporter les nombreux arrêts rendus sur les difficultés soulevées à leur occasion ; mais nous avons quelques observations à présenter sur la nouvelle législation.

La solution des questions relatives aux brevets exige des connaissances spéciales qu'on ne peut raisonnablement exiger ni attendre de MM. les juges de paix. Ces magistrats peuvent, il est vrai, s'éclairer de la disposition des témoins ou de l'avis des experts ; mais on sait que cette faculté, qui au premier abord, paraît offrir toute sécurité, conduit le plus souvent à des résultats désastreux ; les témoignages, parce qu'ils ont l'inconvénient de livrer le breveté aux dépositions intéressées et jalouses de ses rivaux en industrie; l'expertise, parce que le juge n'a pas souvent les connaissances voulues pour apprécier le travail des experts, qu'ils sont ainsi contraints d'adopter aveuglément.

Il était donc juste d'enlever aux magistrats de paix la connaissance d'une matière aussi hérissée de difficultés; mais en transportant purement et simplement aux tribunaux de première instance la connaissance de cette matière, peut-on dire qu'il y ait eu amélioration, nous ne le pensons pas.

Les brevetés trouveront là les mêmes abus, à quoi il faudra ajouter tous les embarras des hommes de palais, toutes les ruineuses lenteurs de la procédure, jusqu'à ce qu'on ait doté notre législation d'une réforme spéciale et non plus incidente sur la propriété intellectuelle. Cette pensée a été précédemment exprimée à la Chambre des pairs.

Toutefois, adoptant pour quelques instans ce déplacement de compétence comme une amélioration, nous croyons que cet article n'en est pas moins faussement conçu. Il introduit une division de juridiction qui, loin de servir les intérêts des justiciables, ne fait que compliquer l'action en justice. La connaissance des actions relatives aux brevets est attribuée aux tribunaux civils, lorsqu'il s'agit de la nullité ou de la déchéance du brevet, et aux tribunaux correctionnels, dans le cas de poursuite en contrefaçon. Cette innovation est la violation manifeste de ce principe de bon sens, qui veut que le juge de l'action soit aussi le juge de l'exception. Pour comprendre l'utilité de cette règle, il suffit de se rendre compte de la position des parties dans les procès de ce genre et de la manière dont la lutte s'engage entre elles. Lorsqu'un breveté intente une action en contrefaçon, par exemple, le poursuivi se défend, soit en opposant la nullité ou la déchéance du brevet dont on exige, soit la dissemblance qui sépare son procédé de celui qui a été l'objet du brevet, et le plus souvent la défense du poursuivi s'appuie sur ces trois moyens en même temps. Aux termes de l'art. 20, les parties que l'action en contrefaçon aura placées d'abord en présence de la juridiction correctionnelle du domicile du poursuivi, devront, engagées dans cette voie, suspendre la lutte et aller, peut-être au loin, devant les juges du domicile du breveté, faire décider la question préalable de nullité ou de déchéance, pour revenir ensuite au point de départ, s'expliquer sur le fait de contrefaçon. Les parties se trouvent donc jetées dans les embarras et les frais de deux procès, dont les ruineuses lenteurs sont bien faits pour décourager l'homme le plus obstiné dans son droit. Ces obstacles, ainsi échelonnés à plaisir, font donc de la revendication de la propriété un droit presque illusoire: Perte de temps, perte d'argent; tel est le germe de destruction que renferme l'art. 20, sans offrir, pour compensation, plus de garantie aux justiciables.

M. Billault (séance du 26 avril 1838) avait proposé à la Chambre des députés d'attribuer aux tribunaux de commerce la connaissance des difficultés relatives aux brevets d'invention. Mais cette proposition ne fut pas appuyée et n'eut pas de suite.

Il nous reste maintenant à ajouter quelques lignes relativement à la procédure que va nécessiter le changement de juridiction.

Ce que nous allons dire est extrait en partie d'un Traité sur les brevets d'invention, récemment publié (1).

La disposition de la loi nouvelle ne changera rien, comme on le voit, à celles sur les actions principales en nullité et en déchéance des brevets d'invention qui, par les anciennes lois, étaient déjà soumises à la connaissance des tribunaux d'arrondissement, mais seulement à celles sur les demandes en contrefaçon que l'on soumet aux tribunaux correctionnels.

La cause de cette différence est facile à comprendre : les rédacteurs de la loi de 1791 avaient pensé que le juge de paix, à raison de sa position, de ses rapports avec les justiciables, était mieux à même que les tribunaux ordinaires de prononcer sur une demande en contrefaçon, parce qu'on n'avait pas l'expérience qu'un long usage des lois de cette époque a fait acquérir, et on n'avait pas pu prévoir toutes les difficultés que présenterait ce mode de juridiction en raison de l'importance qu'acquerrait un jour cette matière. Mais depuis qu'une jurisprudence constante et invariable a établi que le défendeur inculpé de contrefaçon peut opposer pour repousser l'action tous les moyens qu'ouvre la loi contre les brevets, les nullité, les déchéances, etc., les questions les plus graves ont été débattues devant le juge de paix, qui pouvait ordonner l'exécution provisoire de sa décision.

Il n'est rien dit dans l'art. 20 sur l'instruction et sur la procédure à suivre devant la nouvelle juridiction qu'il crée, mais il est évident que, par cela seul que l'on soumet aux tribunaux correctionnels la connaissance des actions en contrefaçon, on astreint ces actions aux règles suivies pour l'instruction des affaires que ces tribunaux sont habitués à juger, c'està-dire que tous les genres de preuves seront admissibles et que le tribunal, pour éclairer sa religion, pourra ordonner telle mesure qu'il jugera convenable, par exemple, faire faire des enquêtes, des expertises, au besoin même entendre des témoins à son audience.

Ceci n'est pas douteux et se trouve d'ailleurs confirmé par le rapport de M. Renouard.

Quant à la procédure, a-t-il été dit devant les deux chambres, elle sera la même que pour toutes les affaires correctionnelles; ainsi, celui qui aura à se plaindre

____

(1) *Traité des Brevets d'invention, de perfectionnement et d'importation*, d'après la nouvelle loi de compétence et de procédure, du 25 mai 1838, par MM. Giraudeau et Gœlschy. Au bureau des *Annales de la science des Juges de paix*. Prix, 5 fr.

d'une contrefaçon pourra en provoquer la répression, soit par une plainte déposée au parquet du procureur du roi en déclarant au besoin se porter partie civile et offrir d'avance la consignation des frais nécessaires pour l'instruction, soit par une assignation donnée directement au prétendu contrefacteur sur l'indication du jour par le parquet.

Ce qui, au premier abord, paraît seul présenter quelque difficulté, c'est le moyen de constater la contrefaçon et de suppléer à la saisie provisoire que le juge de paix, sous l'empire de l'ancienne loi, avait seul le droit d'autoriser parce que lui seul, ceci était un point de jurisprudence constant, était le juge du besoin de la mesure et de son urgence, comme aussi des objections que le prétendu contrefacteur pouvait opposer pour empêcher la saisie, et enfin de toutes les difficultés qui pouvaient naître à l'occasion de l'exercice du droit privatif du breveté.

Mais il nous semble qu'il sera aisé, avec la voie correctionnelle, d'arriver à la mesure provisoire et conservatoire, et même de l'opérer avec plus d'efficacité que par le passé ; car, sur l'exposition du cas de contrefaçon, s'il y a apparence de raison, nécessité ou seulement opportunité, le procureur du roi ou le juge d'instruction n'hésiteront pas à faire mettre provisoirement le scellé sur les objets argués de contrefaçon ou à prendre telle autre mesure qu'ils jugeront convenable pour assurer les droits du breveté, et fournir au tribunal les preuves de la contrefaçon et de l'importance du délit allégué. Or, les diligences du parquet, et, au besoin, de MM. les juges d'instruction, remplaceront efficacement la mesure permise par l'ordonnance du juge de paix, ordonnance qui, au surplus, n'est délivrée par le magistrat que dans les cas où la mesure lui semble juste et nécessaire, et à la charge de lui en référer en cas de difficulté.

La voie correctionnelle aura même, sous ce point de vue, quelques avantages ; d'une part, les droits du breveté sont garantis, et de l'autre les intérêts du prétendu contrefacteur ne seront pas légèrement compromis par une saisie toujours offensante et par la visite du breveté qui, en accompagnant l'huissier dans son opération, peut copier chez son rival des procédés secrets, des moyens à lui particuliers ; le procureur du roi, avant de faire aucun acte ou réquisition, pourra entendre la partie contre laquelle on veut agir, sans pour cela nuire à l'autre partie, ayant le moyen de faire connaître la menace de poursuite, sans craindre que cette communication la rende inefficace ; et, dans tous les cas, il pourra graduer la mesure conservatoire, la modifier suivant les circonstances, et enfin, n'ordonner que ce qui sera strictement nécessaire pour l'instruction de l'affaire et la répression complète du délit.

ARTICLE VINGT-ET-UN.

Toutes les dispositions des lois antérieures contraires à la présente loi, sont abrogées.

L'article adopté par la Chambre des députés était ainsi conçu :

» Les dispositions des art. 9 et 10, titre 3 de la loi du 24 août 1790 et les art. 16 et 17 du C. de proc. civ. sont abrogés.

» Les autres dispositions des lois en vigueur sur les attributions des juges de paix, auxquelles il n'est pas dérogé par la présente loi, continueront à être observées. »

M. Legalle proposa alors d'ajouter à cet article la disposition suivante :

La compétence en matière de louage attribuée aux juges de paix par la présente loi, ne s'étend pas aux baux à convenant ou à domaine congéable, maintenus et régis par la loi du 16 août 1791.

« Je crois répondit M. le rapporteur, que les baux à domaine congéable qui participent de la propriété et de la vente en même temps que du contrat de bail, ne doivent pas être compris dans la dénomination générique de baux. Si la Chambre croyait nécessaire d'adopter l'article, elle ferait, je crois, une chose régulière pour le fond de la disposition, mais elle ferait une chose inutile, en ce sens qu'on ne peut pas, je le répète, comprendre ces sortes de baux qui relient une partie de la propriété sous la dénomination générale de baux. »

M. Legalle ayant déclaré se trouver satisfait de l'explication, l'amendement ne fut pas mis aux voix.

La commission de la chambre des pairs, non pas parce qu'elle contestait l'étendue de l'article accepté par la chambre des députés ; mais seulement parce que la forme d'abrogation employée par cet article avait de grands dangers, proposa et fit adopter la rédaction qui, en définitive est restée, et qui d'ailleurs est employée dans un grand nombre de lois.

Sans doute il faut convenir que la loi nouvelle ne se borne pas à modifier les seuls articles qui y sont cités, elle touche aussi à beaucoup d'autres dispositions législatives. Sans doute encore il y a d'énormes difficultés à résoudre, en termes tranchans, précis et absolus, toutes les questions d'abrogation.

Sans doute enfin il est beau d'avoir dans les magistrats et les jurisconsultes la confiance qu'ils parviendront à connaître, en recherchant la nature des lois successives et en les comparant, quelles sont les dispositions maintenues, et quelles sont celles qui ne peuvent plus exister.

Mais aussi il ne faut pas oublier que le mode d'abrogation générale offre un champ vaste à la controverse, qu'il soulève des questions d'abrogations tacites, que dans la pratique il faut résoudre à l'aide des règles générales modifiées par les considérations spéciales qui naissent de chaque matière, de chaque espèce, de chaque cas particulier, et présente les inconvéniens les plus graves.

Lorsque le projet de loi fut reporté à la Chambre des députés dans la session de 1838, par suite des amendemens introduits par la Chambre des pairs, M. Laplagne-Barris proposa le rétablissement de la première rédaction du gouvernement ; sur l'opposition de la commission cet amendement fut rejeté. Voici les raisons données en cette occasion par M. le rapporteur :

« Il y a toujours inconvénient dans les nomenclatures ; c'est que, quelle que soit la science des commissions ou des assemblées, une omission peut avoir lieu. Eh bien! l'omission de cette disposition, résultat d'une inadvertance, la laisse en vigueur. Le gouvernement a adhéré à la modification plus générale faite par la commission. Cette disposition nouvelle n'est peut-être pas absolument inutile , comme l'a dit l'honorable préopinant. Cette disposition n'est pas inutile, surtout parce que l'on maintient ce qui n'est pas contraire à la présente

loi. Ainsi , j'admettrais qu'après avoir dit : « Toutes les dispositions contraires à la présente loi. etc. », on ajoutât le paragraphe de l'ancien projet. Si l'orateur se contentait de cette rédaction , je n'y ferais pas d'opposition. Du reste , c'est une affaire de forme , qui au fond a peu d'importance.»

Nous allons rappeler succinctement ici pour faciliter la solution des doutes qui pouraient s'élever, les principes les plus généralement admis en nature d'abrogation.

Il y a abrogation d'une loi ;

1° Lorsque les termes de la loi nouvelle sont incompatibles avec ceux de la loi ancienne :

2° Lorsque cette loi, offrant un système complet sur une matière ne reproduit pas certaines dispositions, elles sont par cela même réputées anéanties :

3° Lorsqu'il y a changement de système , alors toutes les institutions et toutes les lois qui étaient le développement ou les conséquences de l'ordre de choses établi disparaissent avec lui.

D'un autre côté et dans un autre ordre d'idées, les lois spéciales ne sont pas abrogées virtuellement par les lois générales postérieures, par cela seul que celles-ci ne reproduisent pas les dispositions des premières.

De plus et en détournant le mot abrogation de son sens propre , on dit qu'une loi peut être abrogée par l'usage : Les nombreuses décisions rendues sur ce point par la jurisprudence peuvent se réduire à ceci :

Lorsqu'une loi ancienne n'est plus exécutée, qu'un usage constant, prolongé, universel, s'est introduit en opposition avec la loi, il faut considérer l'usage comme sanctionné par la volonté générale et la loi comme anéantie par la même puissance.

ARTICLE VINGT-DEUX.

Les dispositions de la présente loi ne s'appliqueront pas aux demandes introduites avant sa promulgation.

Nos législateurs modernes ont formulé en tête de nos lois civiles et criminelles, ce grand principe d'ordre et de liberté : *les lois ne disposent que pour l'avenir ; elles n'ont point d'effets rétroactifs.* (*V.* C. civ., 2 ; C. pén., 4). Cet article peut donc au premier aperçu sembler n'être ici qu'une superfétation inutile ; il n'en est cependant pas ainsi.

Chaque jour la controverse est élevée sur le point de savoir si l'interprétation que l'on prétend donner à un article de loi, à une disposition nouvelle, ne lui fait pas produire un effet rétroactif.

Il est admis généralement aujourd'hui que c'est la loi du jour où l'action est intentée qu régle ce qui n'appartient qu'à la forme : par exemple, le mode d'enquête ; mais pour ce qui tient au fond même de la cause, pour ce dont l'absence neutraliserait ou anéantirait l'action, il faut se référer à la loi sous l'empire de laquelle s'est passé le fait d'où l'action dérive.

Par une autre distinction entre les choses passées et les choses en suspens, pour éviter des frais inutiles, on divise en deux classes les actes de procédures intrinsèques qui ne touchent pas au fond du droit. Ne sont-ils que commencés? la nouvelle loi les règle. Sont-ils consommés? elle ne peut les atteindre.

D'après ces principes les procès non jugés encore sont soumis aux modifications postérieures de juridiction, excepté toutefois en matière de délit.

L'application de cette règle donna lieu à des controverses souvent renouvelées, et qui auraient été d'autant plus souvent débattues devant la juridiction des juges de paix, qu'elles auraient été élevées presque toujours par des praticiens sans connaissance des principes qui dominent cette matière : Les rédacteurs de cet art. 22 ne l'ont formulée que dans l'espérance d'éviter ces inconvéniens.

Mais ils n'ont entendu modifier en rien les règles de la rétroactivité. Il faut donc dire que la loi du 25 mai 1838, de même que toutes celles qui déterminent la compétence des tribunaux, est applicable, même aux actions relatives à des obligations antérieures à sa publication.

ARTICLES ADDITIONNELS PROPOSÉS.

Il nous reste maintenant à rendre compte de deux articles additionnels proposés comme complément à la loi que nous venons de commenter. L'un formulé par M. Gaillard de Kerbertin était conçu en ces termes :

A partir du 1er janvier 1839, les droits de vacation établis aujourd'hui en faveur des juges de paix, seront perçus par les receveurs d'enregistrement, sur le vu des actes ou procès-verbaux.

Dans le budget de 1839, il sera pourvu au moyen d'assurer un traitement convenable aux juges de paix.

L'autre, posé par M. Stourm, était ainsi rédigé.

A compter de 1840 les juges de paix cesseront de recevoir des parties, aucun émolument pour droit de vacations.

A partir de la même époque le montant de ces droits ou vacations attribués aux juges de paix par la loi actuelle sera perçu pour le compte de l'état par les employés de l'administration de l'enregistrement.

Dans la session de 1839 il sera présenté un projet de loi à l'effet de fixer le traitement qui devrait être payé par l'état aux juges de paix.

Ce traitement sera divisé en plusieurs classes suivant l'importance des cantons. Il ne pourra, dans aucun cas, être au-dessous de 1200 fr.

Soutenues par MM. Havin, Béchard, Chegaray et Hortensius de Saint-Albin, puis ensuite combattues par M. le garde-des-sceaux et M. de Golhéry, ces dispositions furent rejetées par la chambre (V. *M.* du 26 avril 1838), M. le garde-des-sceaux ayant déclaré que la question était grave, qu'elle méritait un examen ultérieur, et qu'il la prendrait en considération.

« Vous reconnaîtrez avec moi, messieurs, disait M. Gaillard de Kerbertin, combien il est humiliant pour un magistrat d'avoir à tendre la main pour recevoir d'un justiciable de mauvaise humeur, une pièce de 5 fr. qu'il ne donne qu'à regret. Pensez vous que la perception de cette espèce d'aumône soit de nature à grandir les juges de paix dans le respect et la considération de leurs justiciables?

» Je demande donc qu'à partir du 1er janvier 1839, les droits de vacation soient supprimés. Cependant, comme on pourrait me dire que, comme il faudra nécessairement indemniser de cette perte les juges de paix, le trésor souffrirait trop de la mesure que je sollicite, je propose, dans mon amendement, de faire recevoir ces droits de vacations par les receveurs de l'enregistrement. Cette perception serait très facile, car tous les actes et procès-verbaux des juges de paix sont enregistrés. Ce serait donc sur le vu de ces actes et des procès-verbaux que les receveurs percevraient les droits.

» Mais, messieurs, en enlevant aux juges de paix cette partie de leur traitement, il faut augmenter leur traitement fixe ; et je désire que cette augmentation soit d'autant plus forte, que l'insuffisance de ce traitement est reconnue depuis longues années.

» Cependant, comme la fixation du traitement ne peut avoir lieu que dans une loi de finances, je renvoie cette partie à la discussion du budget, laquelle ne se fera pas attendre long-temps.

» Ainsi, de deux choses l'une, ou les droits de vacations seraient supprimés d'une manière absolue (et ce serait mon désir personnel), ou bien, si on les conserve au profit du trésor, ces droits seraient perçus par les receveurs de l'enregistrement. »

« Le traitement des juges de paix, ajoutait M. Stourm, se compose de deux parties : une partie fixe et invariable payée par le trésor ; une seconde partie variable et casuelle payée par les justiciables.

» Relativement à cette seconde partie, le juge de paix se trouve, vis-à-vis des justiciables, absolument dans la même position que tout officier ministériel qui réclame son salaire le tarif à la main, et présente des mémoires de frais.

» Vous comprenez, messieurs, combien, par cette demande d'honoraires, le caractère des juges de paix peut être compromis, combien elle nuit à la considération de ces magistrats. Ce qui existe aujourd'hui relativement aux juges de paix est un ancien reste de notre système des *épices* ; de ce système d'*épices*, détruit par la révolution à la satisfaction générale des justiciables, et pour l'honneur de la magistrature.

» Tout ce qu'on a dit contre le système d'épices, on peut le répéter avec la même raison contre le mode actuel de traitement des juges de paix.

» Le salaire des juges de paix, qui sont des magistrats, ne doit être payé que par le trésor de l'état ; les juges de paix ne doivent recevoir des parties aucun genre d'émolumens. Toute exception à cette règle expose leur probité et leur réputation. Les juges de paix ne doivent être en rapport, selon moi, avec les justiciables, que pour leur rendre la justice, jamais pour demander de l'argent.

» Si, de ce principe, vous descendez à l'application, vous comprenez les inconvéniens énormes qui résultent du mode de traitement actuellement adopté pour les juges de paix. Ces inconvéniens sont tels qu'il y a lieu d'y porter un remède prompt et efficace.

» En effet, le juge de paix, lorsqu'il réclame son paiement ou le fait réclamer, voit presque toujours son mémoire de frais accueilli avec mauvaise humeur. Le justiciable est porté à soupçonner que le juge de paix n'a fait certains actes conformes aux prescriptions de la la loi, que pour se procurer des émolumens.

» Vous comprenez, messieurs, combien de pareils soupçons sont de nature à porter atteinte à la considération des juges de paix.

» C'est non seulement vis-à-vis des contribuables, mais encore vis-à-vis de leur greffier, que leur position est fausse. Vous le savez, messieurs, le greffier est chargé de faire les recouvremens non seulement pour son propre compte, mais aussi pour celui du juge de paix ; ainsi, le juge de paix et le greffier ont des intérêts communs, identiques : comment, alors, voulez-vous que le juge de paix exerce sur son greffier l'influence dont il a besoin ? Comment voulez-vous qu'il censure ses actes et son esprit d'avidité ?

» Messieurs, vous venez d'augmenter par la loi que vous allez voter, les attributions des juges de paix ; vous devez augmenter, dans une proportion correspondante, leur considération : vous avez fait des justices de paix une magistrature importante, je dirai presque trop importante : pour que cette magistrature s'exerce utilement, vous devez rehausser son influence morale sur l'esprit des contribuables et sur l'esprit des officiers ministériels qui l'entourent ; vous n'arriverez à ce résultat qu'en les soustrayant à l'avilissement des épices. »

Nous emprunterons maintenant à M. le garde-des-sceaux et à M. de Golbéry les considérations qui furent invoquées pour faire repousser ces deux amendemens.

» Et d'abord, disait M. de Golbéry, occupons-nous des justiciables. L'amendement ne fait rien pour eux, car ils paieront toujours les mêmes droits de vacations, puisque ces droits seront perçus par le fisc. Alors que devient le principe qui veut que la justice soit gratuite en France ? Je dis qu'il sera gravement compromis. Si le fisc se charge de percevoir ce qu'on appelle les épices, et ce que je dis moi n'être pas des épices ; s'il plonge sa main avide dans la poche du contribuable, la vacation se changera en droits sur la partie. En 1807, un décret régularisa ces vacations ; il ne statua pas par forme de disposition nouvelle ; il sanctionna ce qui se faisait jusqu'alors, de façon que c'est réellement un accessoire de l'institution et une législation contemporaine que l'on attaque aujourd'hui. — Il y a de bons et de mauvais juges de paix ; les bons juges de paix sont heureusement les plus nombreux ; mais tout le monde le sait, les bons juges de paix n'émolumentent pas, si je puis me servir de cette expression. Si un juge de paix oubliait ses devoirs au point d'entreprendre un acte dans la vue d'en percevoir les profits, alors en lui donnant un traitement fixe, en l'empêchant de se livrer à sa cupide spéculation, vous n'auriez produit qu'un abus contraire à celui que vous voulez réprimer : car, s'il n'a plus ses vacations pour se transporter d'un lieu à un autre, il faut qu'il paie de sa poche les dépenses occasionées par le déplacement ; alors, au lieu de faire des actes frustratoires, il ne fera pas les actes nécessaires.

» Ce n'est pas tout encore, les juges de paix aisés remettent aux justiciables pauvres les émolumens que leur attribue la loi ; ils en font bon marché, ils abandonnent toute prétention à ce que vous appelez les épices.

» Nous faisons une loi qui augmente la compétence des juges de paix, et ils seront plus occupés ; s'ils n'ont aujourd'hui qu'une audience, ils en auront deux ; s'ils en ont deux, ils en auront quatre ; il leur faudra tout le concours, et le concours le plus actif, de leurs suppléans.

» Or, voici ce qui se pratique aujourd'hui : quand un juge de paix confie à un suppléant un acte qu'il ne peut faire par lui-même, il en abandonne l'indemnité au suppléant, parce que c'est la représentation de la dépense ; mais, quand le juge de paix aura un traitement fixe, le suppléant pourra-t-il accepter de la poche du juge de paix une indemnité ?

» Vous me direz que le juge de paix pourra faire tenir son audience par son suppléant, et qu'il ira faire lui-même les actes pénibles. Mais avez-vous bien, dans un canton, trois personnes assez exercées aux affaires pour pouvoir occuper utilement le siége du juge ? Je le voudrais de tout mon cœur. Le juge de paix devra donc tenir l'audience dans l'intérêt même de la jus tice, et ces magistrats ne pourront pas, pour faire face aux attributions que leur donne la législation que nous faisons, se servir de leurs suppléans, l'adoption de l'amendement ne serait pas une chose désirable.

» Enfin, j'examine la question en ce qui concerne l'amélioration de position dont on veut faire profiter les juges de paix; je n'en fais pas une question de budget, je ne veux pas procéder par fin de non-recevoir; le sujet est grave, traitons-le comme s'il était mûr pour la discussion.

» Vous avez donc à peu près 2,800 juges de paix, qui touchent 800 fr. L'amendement de M. Stourm ne leur donnerait que 1,200 fr. Dans sa pensée, on augmenterait le traitement des autres dans la même proportion. Eh bien! croyez-vous qu'ils en seraient bien satisfaits?

» Il est bien rare que les traitemens de 800 f. ne s'élèvent pas à un chiffre supérieur à 1,200 f. au moyen des vacations. *Or, le traitement pourra et devra être élevé indépendamment de toute suppression*, car nous augmentons les travaux des juges de paix; c'est une question de budget que le gouvernement devra méditer. »

Malgré cette chaleureuse discussion, la chambre est loin d'avoir tranché la question *in terminis*.

En voici la preuve :

On se rappelle que nous avons dit que l'amendement de M. Stourm avait été rejeté, sur cette déclaration de M. le garde des sceaux, que la question était grave, qu'elle méritait un examen ultérieur et qu'il la prendrait en considération.

Alors MM. *Havin et Hortensius de Saint-Albin* ajoutèrent que puisque M. le garde des sceaux, reconnaissait qu'il y avait quelque chose à faire, et consentait à ce que la question fût renvoyée au budget, ils pensaient que les auteurs de l'amendement y consentiraient facilement.

Mais ces derniers n'ayant pas accédé encore à ce terme moyen, M. le garde des sceaux, répliquant de nouveau, reconnut (1) *qu'il y avait beaucoup à dire sur les vacations accordées à la magistrature des juges de paix; qu'il avait été frappé de quelques considérations présentées, et que tout cela demandait à être examiné.*

Sur ce, M. Stourm adoptant ce qu'avaient dit MM. *Havin et Hortensius de St-Albin*,

déclara que, quant à présent, il se bornait à prendre acte de ce que M. le garde des sceaux reconnaissait que le principe était bon et qu'il *devait être adopté.* M. le garde des sceaux se récria vivement contre la trop grande extension donnée à ses paroles, son intention ayant été, dit-il, *de réserver* la question et non de *préjuger*; et il ajouta en finissant :

« Pour mon compte, je suis convaincu que les juges de paix n'ont pas perdu, d'après la législation actuelle, la considération qui leur est due; mais, puisqu'on a introduit la question, j'ai dit qu'elle méritait d'être examinée dans tous ses élémens; jamais, quand on fera entendre des considérations de cette nature, je ne me refuserai à un examen ultérieur. Mais je me suis bien gardé de dire que j'avais une opinion formée à cet égard; je dirai même que *j'ai une tendance contraire au principe qu'on veut faire prévaloir.* »

Ainsi donc la question dont il s'agit ici est loin d'être vidée, et malgré les dispositions quelque peu hostiles de M. le garde des sceaux nous espérons qu'un examen plus approfondi des motifs qui avaient fait agir MM. Stourm Gaillard de Kerbertin le rendra plus favorable à une modification réclamée instamment par la nature même des choses.

Nous devons aussi, en finissant, relever une inexactitude échappée à l'auteur de l'un des deux amendemens : le greffier de la justice de paix, a dit M. Stourm, *est chargé de faire les recouvremens, non seulement pour son propre compte, mais aussi pour celui du juge de paix :* c'est là une erreur. Les droits du juge et du greffier, pour le recouvrement des honoraires et vacations qui leur sont dus, sont tout à fait distincts et indépendans; c'est ce que nous avons établi dans notre *Traité des fonctions des Greffiers* (2).

Le tarif, il est vrai, établit une certaine corrélation entre les honoraires dus au greffier et ceux accordés au juge de paix; mais de là à une assimilation telle qu'on voudrait la faire dans le système que nous combattons il y a loin encore.

Aucune loi n'oblige le greffier à poursuivre le recouvrement de ce qui est dû au juge de paix, et si dans la pratique cela se fait souvent, ce n'est pas une raison pour imposer en principe à ce fonctionnaire une charge que rien ne justifie et qu'il ne remplit jamais que par esprit d'ordre et de complaisance.

---

(1) V. *Mon.* du 26 avril 1838.

(2) V. *Traité-manuel des fonctions des greffiers des justices de paix*, chap. 3. V. aussi le chapitre supplémentaire du même ouvrage.